지극히 사적인 러시아

일리야의 눈으로 '요즘 러시아' 읽기

지극히 사적인 러시아

1판 1쇄 발행	2022년 7월 8일
1판 4쇄 발행	2023년 5월 31일

지은이	벨랴코프 일리야

펴낸이	이민선
편집	홍성광
디자인	박은정
관리	이해진
제작	호호히히주니 아빠
인쇄	신성토탈시스템

펴낸곳	틈새책방
등록	2016년 9월 29일 (제25100-2016-000085)
주소	08355 서울특별시 구로구 개봉로1길 170, 101-1305
전화	02-6397-9452
팩스	02-6000-9452
홈페이지	www.teumsaebooks.com
인스타그램	@teumsaebooks
페이스북	www.facebook.com/teumsaebook
네이버 포스트	m.post.naver.com/teumsaebooks
유튜브	www.youtube.com/틈새책방
전자우편	teumsaebooks@gmail.com

ISBN 979-11-88949-41-0 03920

일리야 눈으로 '요즘 러시아' 읽기

지극히
사적인
러시아

벨랴코프 일리야 지음

틈새책방

'Умом - Россию не понять'

Умом - Россию не понять
Аршином общим не измерить:
У ней особенная стать -
В Россию надо только верить.

— Федор Тютчев, 1866

'머리로는 러시아를 이해할 수 없다'

머리로는 러시아를 이해할 수 없다
평범한 자로는 러시아를 잴 수 없다.
러시아는 그 자체로 특별하므로
그저 러시아에게 의지해야 한다.

— 표도르 튜체프, 1866

권위주의 체제의 등장을
막고 싶은 분들에게

일리야를 처음 만난 것은 2015년 어느 방송에서였다. 공영방송의 특성상 모나지 않은 둥글둥글한 이야기를 하고 끝냈던 것 같다. 하지만 다른 매체에서 접한 일리야는 결코 그런 사람이 아니었다. 자기주장이 확실하고, 이슈를 바라보는 시각은 날카로우며, 누군가의 눈치를 보는 사람이 아니었다. 그리고 무엇보다도 매우 스마트한 사람이었다.

그와 다시 조우한 때는 2021년 말, 러시아가 우크라이나 근방에 군대를 배치하면서 긴장이 고조되고 있다는 소식이 들릴 때였다. 내가 운영하고 있는 유튜브 채널에서 러시아인이 바라보는 러시아의 상황과 푸틴의 장기 집권에 대한 의견, 그리고 그의 개인적인 근황을 듣고 싶어서 초대했다.

그러고 몇 개월 후, 러시아는 (많은 이들의 예상과 달리) 우크라이나를 침공했다. 걱정이 되어 문자를 보낸 나에게 그는 괜찮다며 여유를 보였다. 하지만 마음고생이 없었을 리가. 러시아인으로서의 자부심을 가지고 있는 동시에 푸틴의 권위주의 정권에 비판적인 그에겐 무척 곤혹스러운 시간이었을 것이다. 묘하게도 그의 어머니는 우크라이나 출신이기도 하다.

몇 달 뒤, 그는 내게 이 책을 읽어 봐 달라고 건네주었다. 《지극히 사적인 러시아》는 '벨랴코프 일리야의 러시아'를 이야기한다. 소비에트 연방의 해체를 경험하고 벼락처럼 자본주의의 입성을 바라보았던 어린 시절과 함께, 어떻게 푸틴은 20년이 넘는 초장기 집권이 가능했는지, 왜 러시아 국민은 푸틴의 권위주의 정권에 전적인 지지를 보내는지 설명한다. 현재 러시아 사회의 문제점을 지적하고 비판하는 데에도 인색하지 않다. 특히 내 눈길을 끈 대목은 자유 민주주의를 추구하던 한 국가가 얼마나 쉽게 권위주의 체제로 넘어갈 수 있는지다. 책에서 굳이 강조한 바 없지만, 결국 국민들의 정치적 관심이 이를 막을 수 있음을 그가 넌지시 말해 주고 있다.

물론 일리야의 의견에 반대하는 입장을 가지는 독자들도 있을 것이다. 나 역시도 그의 서방에 대한 시각은 나와는 다르다고 느꼈으니까. 하지만 일리야의 가장 큰 장점은 그러한 반박을 두려워하지 않는다는 것이다. 토론과 논쟁이야말로 그가 원하는 것이고, 그 과정을 통해 함께 이해의 폭을 넓히고자 하는 이가 벨랴코프 일리야다.

JTBC '비정상회담'을 비롯해 주한 외국인이 출연하는 정말 많은 방송 프로그램들이 있다. 타일러 라쉬, 다니엘 린데만, 알베르토 몬디 같은 이들은 이젠 '유명인'의 반열에 올랐다. 한국에서 삶의 터전을 잡고 행복하게 살고 있는 이들의 모습을 보면서 어쩌면 우리는 대리 만족을 하는지도 모른다. '이다지도 살기 좋은 한국이라니' 하고 말이다.

하지만 내가 만났던 이들은 정말 치열하게 살아가고 있었다. 기가 막히게 한국어를 잘하고, 한국 문화를 잘 알고, 한국 음식을 잘 먹는 것은, 이들이 가진 매력과 능력의 아주 일부에 지나지 않았다. 그런 의미에서 《지극히 사적인 러시아》는 벨랴코프 일리야의 학구적이고 지적인 면모가 맘껏 발휘된 책이다. 대학교에서 학생들을 가르치고 러시아와 한국 사이의 공감대를 찾고 싶어 하는 일리야의 학자적 매력을 많은 이들이 발견하길 기대해 본다.

김지윤 (정치학자, MBC '100분 토론' 전 진행자)

일러두기

러시아어 표기는 기본적으로 원어에 가깝게 표기했다. 주요 인명과 지명, 그리고 일부 관행처럼 굳어진 표현은 국립국어원의 외래어 맞춤법 기준을 따랐다.

"러시아는 정말 그래?"
"러시아는 안 그래."

한국에 온 지 20년이 지났지만 여전히 내가 나고 자란 러시아에 대한 편견과 선입견은 바뀔 기미가 보이지 않는다. 좋은 이미지, 나쁜 편견, 이상한 선입견이 뒤죽박죽으로 섞여 있다. '빨갱이 나라다', '문학과 예술로 유명하다', '여성들이 예쁘다', '스킨헤드가 많다', '맥주는 술로 안 친다'(이것만큼은 사실이다), '얼음 왕국이다', '길가에 곰이 돌아다닌다'….

이런 얘기들을 들으면 대부분 웃어넘기지만, 이따금 나도 모르게 귀를 기울이게 된다. 나한테도 신기한 얘기들이라서 호기심이 동할 정도다.

한국인이 러시아에 대해 가진 인식에 대해 아쉬움이 많다. 가장 많이 들어 본 질문은 "러시아는 정말 그래?"였다. 그러면 나는 말이 많아지게 된다. "러시아도 사람이 사는 나라인데요….” 이렇게 답을 하다 보면 러시아에 대한 온갖 이야기를 할 수밖에 없다. 그래서 한국에 온 첫날부터 본의 아니게 러시아 문화를 알리는 ‘대사’처럼 되어 버렸다.

한국에 와서 공부하던 시절, 어느 날 어학당 수업에서 선생님이 과제를 내 주셨다. 어학당에는 여러 나라에서 온 학생들이 많았는데, 국가별로 서로 어떤 이미지를 가지고 있는지 한국어로 이야기해 보자고 하셨다. 내 차례가 왔을 때 베트남에서 온 친구가 깜짝 놀랄 만한 말을 했다.

“나 알아요! 러시아는 사람들 서로 죽이는 전통 있어요.”

사람을 죽이는 전통이라니! 이게 도대체 무슨 소리인가. 나도 금시초문이었다. 그런데 주변 친구들의 반응을 보니 더욱 난감했다. ‘진짜 그런가 보다’ 하고 벌써 믿어 버리는 친구, 반신반의하는 친구, ‘역시 러시아는 그렇지’ 하면서 낄낄대는 친구. 내 옆에 앉은 친구들은 진짜냐고 물어보는데 당황해서 바로 대꾸하지 못했다. 한국어도 서툰 판에 저런 얘기를 들으니 머릿속이 하얘졌다. 선생님은 그 친구에게 조금 더 자세히 설명해 보라고 하셨다. 친구의 얘기를 듣고 나니 허탈한 웃음이 터졌다. 그 친구는 레프 톨스토이의 《전쟁과 평화》에 나온 결투 장면을 읽고 러시아 사람들은 마음에 안 들면 목숨을 걸고 싸우는 전통이 있다고 생각한 것이었다. 귀족들의 결투는 러시아만이 아닌 17~18세기

지극히 사적인 러시아

유럽 귀족 사회의 전통이었지만 유럽 역사를 배우지 않았다면 모를 수도 있다. 하지만 '러시아라면 그럴 수도 있지'라는 인식이 전 세계에 퍼져 있다는 걸 실감한 순간이었다.

러시아에 대한 신기한 에피소드가 많이 퍼져 있는 만큼, 나는 러시아 문화를 소개할 기회가 많았다. 한국인 친구들과 어울릴 때, 취직해서 회사 동료들과 회식을 할 때, 러시아가 화젯거리가 되면 내가 아는 한에서 편견을 바로잡아 주려고 했다. 그러던 차에 JTBC '비정상회담'에 섭외되면서 비공식 러시아 대표로 러시아에 대한 이야기를 하게 됐다.

한국에서 러시아를 설명하는 일은 아주 어렵다. 문화, 세계관, 가치관, 역사, 지리, 민족, 언어, 풍습 등이 달라도 너무 다르다. "러시아는 왜 그래?"라는 질문에 답하려면, "러시아 입장에서는…"이라는 말을 시작으로 답변해야 한다. 하지만 이렇게 이야기하면 러시아를 미화하거나 정당화한다는 오해를 받게 된다. 일부 한국 시청자들은 "빨갱이답다"라는 악성 댓글을 단다. 그런데 러시아를 비판하면 이번에는 러시아 사람들이 "배신자"라는 댓글을 올린다. 네까짓 게 뭔데 일반화를 하냐는 항의도 만만치 않다. 처음에 방송에 나갔을 때는 내가 아는 선에서 최대한 객관적인 이야기를 할 수 있을 거라고 생각했지만 오산이었다. 내가 겪은 러시아와, 다른 러시아인들이 경험한 러시아는 다른 나라일 수 있었다. 서울에 사는 사람이 말하는 한국과, 남해에 사는 사람이 묘사하는 한국이 다른 것과 같다. 불교 우화에 나오는 맹인모상(盲人摸象)과 마찬가지다. 내가 이야기하는 러시아는 눈을 감고 만진 코끼리를 설명하는 꼴이라는 걸 '비정상회담'을 통해 절감했다.

러시아의 동쪽 끝 블라디보스토크에서 나고 자란 내가 알고 있는 러시아는, 흑해의 에메랄드 빛 바다를 보며 자란 사람과, 6개월 이상 밤이 지속되는 북쪽 동네에 사는 러시아인과, 캅카스(Кавказ) 산맥의 조용한 산골짜기에서 가축을 키우는 목동들이 알고 있는 러시아와 다르다. 남한 면적 171배의 영토, 인구 1억 4,000만 명, 140개 이상의 소수 민족이 사는 나라를 어떻게 감히 대표할 수 있을 것인가.

한국에서 러시아에 대해 설명하면서 느낀 것 중 하나는 세계관의 차이다. 한국과 러시아는 그야말로 세계를 바라보는 방식이 다르다. 단일 민족, 단일 국가, 단일 언어를 가지고 중국, 일본, 미국과 같은 강대국 틈에서 정체성을 지키며 살아남은 대한민국의 세계관과, 거대한 영토와 자원으로 유럽을 위협했던 제국, 한때 미국과 패권을 겨루던 강대국, 다민족·다문화 국가 러시아가 세상을 바라보는 관점은 공통점을 찾아보기 힘들 정도로 이질적이다. 가장 기본적인 사회관계인 개인 관계나 가족 관계부터 다르다. 이런 낯선 관계와 문화가 쌓여 러시아와 한국은 같은 시대를 살아가지만 전혀 다른 세계가 됐다. 그래서 러시아를 이야기 할 때면 낯선 얼굴을 끌고 와 한국의 문화 속에서 설명하면서 어쩔 수 없는 일반화를 시도해야만 했다. 모든 변수를 고려해서 설명하려면 아무것도 이야기할 수 없기 때문이었다.

나는 한국에서 사회생활을 시작했다. 내 인생의 절반을 한국에서 살았고, 한 인간으로서 독립하기 위해 필요한 모든 경험과 지식을 한국에서 배웠다. 첫 직장도, 첫 연애도 한국에서 경험했고, 돈 관리나 부동산 지식도 한국식으로 공부했다. 이제 러시아에서 온 사업가나 관광객 들을 통역하는 일을 할 때면 그들과 내가 얼마나 다른지 알게 된다. 그렇다고 해서 내가 완벽한 한국인이 된 것도 아니다. 내가 자라온 환경, 문화적 배경은 한국인들과는 완전히 다르다. 그래서 내 정체성은 늘 러시아와 한국 사이 어디쯤에서 표류한다. 한국에서는 '러시아인' 취급을 받지만 해외에 나가면 '한국인'의 눈으로 세상을 바라본다. 어떤 때는 러시아인의 입장에서 러시아를 설명하고, 어떤 때는 한국인의 시각에서 러시아를 비판하기도 한다. 이 책을 쓰면서 이제는 러시아와 한국 사이의 어디쯤에 닻을 내린 느낌이 든다. 나는 한국인인가 러시아인인가. 그 해답을 조금은 찾아냈다.

나는 러시아 출신으로서 한국 국적을 얻었다. 이 사실은 부정할 수 없다. 어쩔 수 없이 러시아를 다소 우호적인 시선에서 바라보게 된다. 이 책을 준비하던 2022년 2월, 러시아는 우크라이나를 침공해서 전쟁을 일으켰다. 유럽을 전쟁의 위기로 몰아넣은 원죄가 러시아에 있고, 푸틴이 전쟁 범죄자라는 사실을 부인할 수 없다. 하지만 정치·경제적인 배경을 떠나서 이 책의 독자인 여러분들이 조금 다른 러시아를 봤으면 좋겠다는 마음으로 조심스럽게 부탁을 드리고자 한다. 러시아와 한국은 언젠가는 다시 협력하고 교류해야 할 나라다. 미리 서로를 알아갈 수 있는 다리를 조금씩 놓아 보려고 한다. 러시아와 한국이 우호 관계를 맺으려면 많은 걸림돌이 있겠지만, 한국인과 러시아인이 친구가 되기는 어렵지 않다고 생각한다.

내 주변에는 러시아와 관련된 일을 하거나 어쩌다 러시아와 인연이 생긴 한국인이 많다. 러시아로 유학을 갔다가 러시아에 빠져서 사업을 시작한 친구도 있고, 일 때문에 한 번 갔다가 아직까지 러시아에 눌러앉은 친구도 있다. 심지어 러시아가 마음에 들어서 아예 러시아로 귀화한 친구도 있다. 사람마다 사정이 다르지만 공통점은 있다. 바로 귀동냥으로 알던 러시아와 실제로 겪어 본 러시아가 전혀 다르다는 사실이다. 유럽도 아니고 아시아도 아닌 독특한 문화, 처음에는 불곰 같이 무뚝뚝해 보이지만 알고 나면 정이 넘치는 러시아인들, 광활한 대지에서만 볼 수 있는 자연 경관…. 러시아는 한국인에게도 매력이 있는 나라다. 비록 이 책에서 소개하는 '지극히 사적인 러시아'가 러시아의 모든

지극히 사적인 러시아

것을 담을 수는 없지만, 적어도 우리와 러시아가 친구가 될 수 있는 기회가 되기를 바란다.

　마지막으로 틈새책방 이민선 대표님께 감사의 말씀을 드린다. 항상 응원해 주시고, 좋은 조언을 해 주신 것에 감사하다. 2년 전 처음 만난 자리에서 《지극히 사적인 러시아》의 출간을 제안하셨을 때 꽤 망설였는데, 대표님의 적극적인 응원이 아니었으면 결심으로 이어지지 못했을 것이다.

　특히 이 책이 세상에 나올 수 있도록 큰 도움을 준 홍성광 편집장님에게 고마움을 표하고 싶다. 나의 서툰 한국어 실력으로 도배된 원고를 완벽하게 수정해 주는 것은 물론, 인터뷰를 통해 미흡한 내용을 추가하며 책의 완성도를 높여 주었다. 한국인의 시각에서 러시아 정치와 사회, 경제와 문화에 대해 호기심 어린 질문을 던졌는데, 그때마다 나는 적절한 답을 내놓기 위해 땀을 흘려가며 자료를 찾아야만 했다. 그러니 이 책이 독자 여러분의 손에 들어가기까지 홍 편집장님의 지분이 꽤 된다고 말할 수 있겠다. 아니, 그분이 아니었으면 이 책은 세상의 빛을 보지 못했을 것이다.

2022년 7월
대한민국 국민
벨랴코프 일리야

차례

PART I.

편견을 깨고 본
러시아

러시아인들은
같은 하루를
살지 않는다

:

연세대학교에서 공부할 때 무역 회사에서 아르바이트를 한 적이 있다. '7월' 어느 날 회사 사장님과 모스크바 출장을 가게 됐다. 필요한 서류를 준비하고, 비행기 티켓을 구매하고, 호텔 예약을 완료하고 나자, 사장님은 걱정이 가득한 눈빛으로 나를 바라보면서 물었다.

"일리야! 모스크바(Москва́)는 지금 눈이 몇 미터나 쌓였을까?"

"네?"

나는 몇 초 동안 사장님을 멍하니 바라볼 수밖에 없었다. 생각지도 못한 질문에 말문이 막혀서였다. 러시아 출신인 내게 한국인들이(나도 한국인이지만) 자주 묻는 게 있다. 바로 러시아의 날씨다. 보통은 이런 질문이다.

"러시아는 항상 춥죠?"

러시아에 대해 전혀 모르기 때문에 던지는 질문이다. 그럴 때마다 나는 이렇게 되묻는다.

"음… 러시아의 어느 동네를 말하는 거죠?"

한국에서 러시아에 대한 이야기를 할 때면, 태어난 나라에 따라 지리적인 인식이 얼마나 달라지는지 깨닫게 된다. 러시아는 아주아주 커다란 나라다. 러시아 국토 면적은 1,713만 제곱킬로미터다. 10만 제곱킬로미터인 남한 면적의 171배다. 이게 어느 정도 크기냐 하면, 지구 육지 면적의 약 6분의 1이 러시아 땅이다. 위도로는 북위 41도에서 81도까지 펼쳐져 있고, 최남단과 최북단까지의 거리는 4,000킬로미터 이상이다. 동서 거리는 1만 킬로미터가 넘는다.

그래서 러시아 뉴스를 보면 시작 전에 항상 지역별 시각을 알려 준다. "지금 모스크바는 몇 월 며칠 몇 시입니다." 러시아 동쪽 끝과 서쪽 끝의 시차는 무려 11시간이다. 모스크바에서 밤 11시 뉴스를 할 때면 러시아 동쪽 끝자락에 붙어 있는 캄차카반도에서는 다음 날이 된 지 한참 지난 뒤다. 러시아인은 모두가 같은 하루를 살지 않는다.

뉴스 끝머리에 나오는 일기 예보를 볼 때면 한국이 러시아와 정말 다르다는 것을 새삼 깨닫게 된다. 러시아의 일기 예보에 나오는 지도는 러시아를 한 화면에 다 담을 수 없다. 기상 캐스터는 구글 지도처럼 디자인된 지구본 모양 지도를 빙글빙글 돌리며 주요 도시의 현재 시간과 날씨를 짚어 준다. 러시아의 일기 예보에 익숙해 있던 나는 처음으로 한국의 일기 예보를 볼 때, 한 화면에 나라 전체가 다 나오는 장면이 그렇게 어색할 수 없었다. 언제 다른 지역이 나오나 보고 있으면 그대로 뉴스가 끝나 버렸다. 그러면서 한동

러시아에서 3시간 거리는 근교다. ⓒGetty Images

안 이렇게 생각했다.

'그런데 대구는 몇 시인지 왜 안 알려 주는 거야?'

한국과 러시아는 거리에 대한 인식도 다르다. 한국에서는 고속 철도만 타면 3시간 이내로 못 가는 곳이 없다. 러시아에서는 3시간으로 갈 수 있는 이웃 도시는 거의 없다. 3시간 거리로 어디를 간다고 하면 근교로 놀러 가는 수준이다. 체감상으로는 서울 마포에서 경기도 일산 정도를 가는 느낌이랄까. 내 고향인 블라디보스토크(Владивосто́к)에서 가장 가까운 대도시는 하바롭스크(Хабаровск)다. 블라디보스토크에서 기차를 타면 12시간 걸린다. 러시아식 거리감으로는 말 그대로 가까운 도시다. 멀다고 하면 기차 기준으로 이틀은 걸려야 한다.

이런 인식 차이 때문에 오해가 생기기도 한다. 한국에 왔던 초창기에 개인 사정으로 블라디보스토크에 다녀올 일이 있었다. 이를 알게 된 한국인 지인이 나에게 부탁을 해왔다. 러시아에 가는 김에 모스크바에 있는 자기 지인에게 어떤 물건을 갖다 달라는 것이었다. 나는 너무 황당했지만 러시아를 몰라서 그런가 보다 하고 사정 설명을 했다. 블라디보스토크와 모스크바는 멀어도 너무 멀어서 도저히 내가 심부름을 해 줄 수 없다고 말이다. 그러나 그분은 끝내 내 말을 이해하지 못했다. 나중에는 서운한 눈치였다. 내가 무거운 물건을 들고 심부름해 주기 싫어서 거절한 줄 알았던 것 같다.

블라디보스토크에서 모스크바는 비행기로만 9시간 거리다. 구글에서 '블라디보스토크 모스크바 거리'로 검색하면 자동차로 거의 9,000킬로미터가 찍힌다. 아마 블라디보스토크에서 모스크바로 가는 비행시간이면 서울에서 마라도를 왕복하고도 남을 것이다. 교통편 시간만 맞아떨어지면 말이다. 여러분이라면 외국에 있다가 잠깐 서울에 온 김에 마라도까지 가서 물건을 전달해 주는 심부름을 할 수 있을까.

이런 상황이니 "러시아는 항상 춥죠?"라는 질문을 받으면 할 말이 없어진다. 러시아 사람에게 이와 관련한 답변을 받고 싶다면 "당신 고향의 기후는 어때요?"라고 물어야 한다. 아예 도시마다 기후가 다르고 풍토가 다른데, 다짜고짜 러시아는 춥지 않냐고 물어보면 정신이 아득해진다. 어디부터 어떻게 설명해야 할지 머릿속이 복잡해져서다. 러시아가 얼마나 크고 넓은지, 그 땅덩어리 안에 얼마나 다양한 기후가 있는지, 그리고 러시아에도 따뜻한 지역이 있다는, 질문자가 상상조차 하지 못했던 사실을 흥분하지 않고 알려 주고, 시베리아는 살아본 적이 없는 곳이며, 러시아에서는 나도 사실 추위를 모르는 '나약한 자'라는 설명을 말이다.

불쌍한 자

VS

나약한 자

:

한국에서 러시아와 시베리아(Сибирь)는 동의어인 것 같다. 그리고 시베리아는 추위의 대명사다. 러시아에 대한 이야기를 할 때면 대부분 첫 번째 화두는 추위다. 앞서 얘기한 사장님처럼, 러시아 국토가 모두 시베리아에 있는 것처럼 이야기하는 사람이 많다.

이해는 간다. 러시아 국토 대부분이 한국보다 높은 위도에 있으니 당연히 춥고 혹독한 기후를 가진 나라로 여기기 쉬울 것이다. 더구나 러시아는 약 65퍼센트의 영토가 사람이 거주하기에 부적합한 땅이다. 소위 '영구 동토' 지역이다. 영구 동토는 '2년 이상 온도가 0도 이하로 유지된 토양'을 말한다. 여름에도 땅 속은 영하의 온도가 유지된다. 시베리아는 곧 영구 동토의 대명사이기도 하다. 시베리아에 있는 야쿠티야(Якутия) 공화국에는 아예 영구 동토 박물관이 있을 정도이니 한국인들이 가진 선입견이 이상할 것도 없다.

하지만 러시아 전체가 1년 내내 추위와 싸우지는 않는다. 광대한 러시아 전체를 아우르는 특정 기후는 있을 수 없다. 북극과 인접한 동네가 추운 건 사실이지만, 흑해 연안 지역은 겨울에도 날씨가 온화하다. 러시아가 야심차게 동

2월의 야쿠티야 공화국의 수도, 야쿠츠크. ⓒGetty Images

러시아인들이 사랑하는 휴양지 소치. ⓒGetty Images

계 올림픽을 개최한 소치가 대표적이다. 흑해 연안에 위치한 이곳은 모든 러시아인들이 가고 싶어 하는 휴양지다. 길가에 야자수가 자라는 이곳은 아열대 기후다. 따뜻한 바닷물과 하얀 모래, 그리고 뒤에 웅장하게 솟아오른 캅카스 산맥이 그야말로 훌륭한 경관을 이룬다. 모스크바에서 비행기로 2시간 반이면 도착할 수 있는 소치는 러시아 1위 관광지다.

이렇게 러시아는 지역마다 극과 극이라고 할 정도로 기후 차이가 크다. 그래서 러시아 사람들은 출신 지역의 기후를 놀림의 소재로 삼는다. 날씨가 비교적 포근하고 따뜻한 서부와 남부 지역 사람들은 기후가 혹독한 시베리아나 야쿠티야 지역에 사는 이들을 '불쌍한 사람', '촌놈' 취급한다. 러시아 북쪽 도시들에서는 1년 중 절반은 밤, 나머지 절반은 낮이 계속된다. 극야(極夜)와 백야(白夜)다. 극야일 때는 태양이 하루 종일 떠오르지 않고, 백야일 때는 태양 빛이 하루 종일 사라지지 않는다. 그만큼 사람들이 살기 어려우니 정부 차원에서 혜택을 주기도 한다. 수당을 더 주거나 부동산 관련 혜택을 제공한다. 추위와 관련해서는 이런 식으로 놀린다. "너희들은 화장실을 못 간다며? 오줌 싸면 바로 얼어 버려서."

반면 시베리아 출신들은 소치를 비롯한 따뜻한 동네 출신들을 '진짜 러시아를 모르는 나약한 자'로 취급한다. 온실 속의 장미 같은 사람들이라는 의미다. 장미는 키우기에 매우 까다로운 식물로 알려져 있는데, 따뜻한 지역 사람들은 조금만 환경이 열악해져도 죽어 버리는 장미처럼 연약하다는 것이다.

고백하자면, 나는 '진짜 러시아를 모르는 나약한 자'다. 나는 연해주의 수도 블라디보스토크에서 태어났고, 한국에 오기 전까지 그 동네를 벗어난 적이 없다. 동해를 맞대고 있는 블라디보스토크는 그렇게 춥지 않다. 여름은 덥고 습하며 비가 자주 온다. 겨울에는 동해에서 부는 바람 때문에 체감 온도가 낮지만 기온은 많이 내려가지 않는다. 블라디보스토크는 일본 삿포로와 같은 위도에 있지만 겨울에 눈이 많이 내리는 편이 아니어서, 스키를 타려면 연해주 북부로 더 올라가야 한다. 연해주 북부는 겨울이 되면 기온이 많이 내려가고 눈도 많이 쌓인다. 그러니 러시아 국내 여행을 거의 안 해 본 나는 러시아 다른 지역의 기후를 알 길이 없다. 몇 번 해 본 러시아 국내 여행은 전부 여름에 떠났었다. 내가 경험한 가장 추운 러시아의 겨울은 한국으로 치면 강원도 철원 수준이었다. 하나 더 고백하자면, 한국 사람들이 '러시아의 추위'를 물어볼 때 하도 할 말이 없어서 시베리아나 블라디보스토크보다 북쪽 동네에서 온 친구들을 부러워한 적도 있었다.

서울에 거주하는 한 러시아 친구는 나보다 더 '나약한 자'다. 그 친구는 러시아 남부인 로스토프나도누(Ростóв-на-

Дону)라는 도시에서 왔는데, 매년 한국의 겨울은 왜 이렇게 춥냐고 불평한다. 영하 5도 이하로 떨어지면, 모든 약속을 취소하고 집 밖으로 나가지 않는다. 사람이 살 수 있는 기온이 아니라면서 말이다.

반면 시베리아에서 온 '불쌍한 사람들'은 어디를 가든 따스하게 느끼는 것 같다. 몇 년 전, 유난히 추웠던 그해 12월 말쯤에 러시아 북부 지방 도시에서 한국을 방문한 이를 만나러 인천 공항에 간 적이 있다. 그 사람은 인천 공항 밖으로 나오더니 "와, 여기는 봄이네!" 하면서 숨을 크게 들이마셨다. 그날 기온은 영하 15도였다.

사실 한국에서 러시아 사람들끼리 누가 더 강자인지 논하는 것은 무의미하다. 한국인이야말로 '강인한 자'처럼 보일 때가 있어서다. 한국의 겨울은 추위의 질이 다르다. 시베리아에서는 바람이 별로 불지 않는다. 습도도 낮다. 영하 30~40도라도 견딜 만하다. 물론 영하 60~70도까지 내려가면 피부가 찌릿찌릿하고 아리다. 맨살을 노출하면 안 된다. 그런데 한국의 겨울은 말로 표현하기 어려운 그 무엇인가가 있다. 겨울에 바람을 한번 맞으면 나도 모르게 욱하면서 날씨를 욕하고 싶어진다. 혹독하기로 따지면 만만하지 않다. 그런데도 한국 사람들은 겨울철에 코트 하나만 걸치고 밖으로 나온다. 앞섶을 여미지도 않는다. 편의점에 갈 때 양말도 안 신고 '삼선 슬리퍼'만 끌고 나온다. 러시아 출신인 나는 이 모습을 볼 때마다 내 머릿속까지 얼어붙는 것 같아 기겁한다. 처음 그 장면을 봤을 때 문화 충격을 받은 것은 물론, 한국인이야말로 진짜 강한 자들이 아닐까 하는 생각까지 했다. 내가 저렇게 다니면 곧바로 폐렴에 걸릴 것이다.

한국에서 살 떨리는 추위를 경험해 본 자로서 감히 말하자면, 한국 사람들은 '옷 입는 법'을 모른다. 러시아 사람들은 겨울이 되면 소위 완전 무장을 한다. 스카프로 목을 감고, 패딩으로 온 몸을 두르고는, 털이 들어간 신발을 신는다. 장갑과 모자는 필수다. 다 입고 나면 눈사람이 따로 없다. 절대 맨살을 드러내지 않는다. 집에는 겨울 옷장이 따로 있다. 패딩은 기본이고 각종 모피로 만든 옷들로 옷장을 채운다. 가장 인기 좋은 모피는 북극여우다. 엄청나게 비싸지만 대부분 사람들이 북극여우 털로 만든 외투를 한 벌씩은 갖추고 있다. 모피 반대 운동은 러시아에서는 헛소리로 치부된다. 할리우드 유명 연예인들이 따뜻한 캘리포니아에서 모피 반대 운동을 하는 건 배부른 자들의 속편한 위선이라고 본다. 러시아에서 옷은 패션이 아니라 생존의 문제다.

한국 사람들이 러시아로 유학을 가면 유독 주변의 오지랖에 시달리는 이유도 옷차림 때문이다. 한국에서처럼 가볍게 입고 다니면 주변 사람들이 다 쳐다본다. 옷이 예쁘고 멋있어서가 아니라 "쟤 지금 정신이 나간 건가?" 하는 걱정의 눈길이다. 다소 따뜻한 동네인 블라디보스토크 기준으로도 그렇다. 한국 패션으로 돌아다니다가 할머니들한테 한 번 걸리면 눈앞이 노래질 정도로 잔소리를 들어야 한다. 만약 러시아에서 아이를 한국 기준으로 입혀서 밖에 내보내면 아동 학대 신고를 당할 각오를 해야 할 것이다.

한국에 살다 보면 러시아에 대한 수많은 편견과 오해를 마주하게 된다. 러시아가 낯설고 잘 모르는 나라이니 당연하다 싶으면서도 당혹스러울 때가 있다. 편견이나 선입견이 불쾌해서라기보다는 이것을 어디서부터 풀어내야 할까 하는 막막함 때문이다. 유튜브에는 러시아에 대한 기상천외한 동영상이 넘친다. 길가에는 곰이 돌아다니고, 사람들이 야구방망이로 차를 때려 부수고, 푸틴이 곰을 타고 숲속을 달리는 장면들이다. 솔직히 이런 일들이 아예 없지는 않을 것이다. 하지만 이런 영상이 화제가 된 건 아주 희귀하고 신기한 사건이라서다. 나도 당장 눈앞에 이런 일이 벌어지면 얼른 찍어서 내 유튜브 채널에 올리고 싶다. 러시아는 곰과 우정을 나누는 사람들이 사는 동네가 아니라 여러분과 똑같은 사람들이 사는 곳이다. 앞으로 이야기할 러시아는 곧 러시아 사람들에 대한 이야기다. 선입견을 내려놓고 본다면 러시아가 훨씬 가깝게 느껴질 것이다.

스킨헤드는
인종 차별을
하지 않는다?

:

러시아 극동국립대학교 한국학과에는 한국국제교류재단의 지원으로 매년 러시아 학생 두 명을 한국 대학교에 어학연수를 보내 주는 프로그램이 있었다. 2003년 운 좋게도 나를 비롯해 같은 과 친구이자 1년 선배가 대상자로 선발되어 연세대학교 어학당에 가게 됐다.

책으로만 보던 한국을 직접 경험할 수 있게 됐고, 선생님 말씀으로만 들었던 연세대학교 캠퍼스, 명동, 홍대, 남산 등을 보게 될 기회를 잡게 되어 무척 흥분됐다. 또, 생애 첫 해외여행이기도 해서 설레는 마음은 배가 됐다. 내 친구도 마찬가지였다. 부모님 곁을 한 번도 떠난 적이 없었으니 말해 뭐하랴.

한국에서 나와 친구는 항상 붙어 다녔다. 낯선 음식과 처음 보는 길거리에 적응하기 위해, 고향을 그리워하는 마음을 달래기 위해 서로에게 의지할 수밖에 없었다. 연세대학교 기숙사는 층을 나누어 남학생과 여학생을 거주케 했다. 우리는 아침에 로비에서 만나서 어학당에 함께 갔고, 마침 반도 같아서 옆에 붙어 앉아 공부했다. 점심에는 지하 1층 식당에서 같이 밥을 먹었다. 그 이후에는 가방을 기숙사에 두고 신촌역으로 향했다. 지하철을 타고 서울을 탐험하는 시간이었다.

둘이 하도 붙어 다녀서 주변에서는 연인이냐고 물었다. 러시아에서는 이성과 친하게 지내는 것을 아무렇지도 않게 여기는 탓에 우리는 이 질문 자체를 이해하지 못했다. 나는 그들에게 남자와 여자는 연애를 해야만 함께 다닐 수 있냐고 되물었다.

더 신기하게 들리는 질문은 따로 있었다. 1년 선배인 내 친구가 진짜 러시아 사람이냐는 것이었다. 친구는 검은 머리, 검은 눈, 까무잡잡한 피부를 가졌다. 질문하는 사람들은 러시아에는 당연히 백인들만 산다고 생각하는 것 같았다. 금발에 하얀 피부, 그리고 파란 눈을 가진 사람들. 이 기준에 부합하지 않으면 러시아 사람이 아니라고 여기는 듯했다.

이 질문을 듣기 전까지, 그러니까 러시아에 있을 때 나는 친구의 머리카락과 눈, 그리고 피부 색깔이 나와 다르다는 걸 인지하지 못했다. 어렸을 때부터 주변에 머리카락이 노랗고 까맣거나, 눈동자가 초록이거나 파랗거나 검정이거나, 피부가 하얗거나 까무잡잡한 사람들이 워낙 많아서 그러한 것들이 사람을 구분하는 기준이 되리라 생각하지 못했다. 러시아에서 태어나서, 러시아에서 살며, 러시아어를 할 줄 알면 러시아 사람이지 다른 게 뭐가 있을까 싶었다.

지극히 사적인 러시아

그러니 내 입장에서는 친구가 러시아 사람 같지 않다는 이야기는 뜻밖일 수밖에 없었다.

—— 러시아가 다민족·다문화 국가가 된 배경

러시아는 다민족 국가다. 물론 나와 같은 슬라브계 백인이 가장 많다. 2010년 러시아 통계청 인구 조사 자료에 따르면, 총 인구의 77.7퍼센트 정도 된다. 나머지 22퍼센트는 소수 민족이다. 그중 인구 100만 명이 넘는 민족은 타타르족(3.7퍼센트), 우크라이나인(1.3퍼센트), 바시키르족(1.1퍼센트), 추바시족(1.0퍼센트), 체첸족(1.0퍼센트), 아르메니아족(0.8퍼센트) 등이다. 비율로 보면 '뭐야, 이 정도밖에 안 돼?'라고 생각할 수 있지만, 이들만으로 이루어진 대도시나 주(州), 나아가 공화국이 있을 정도다.

　한국인들에게 연방에 속한 공화국이라는 개념은 생소할 것이다. 한국에서 가장 익숙한 연방제 국가는 미국일 텐데, 미국은 독립성을 보장받는 50개의 주(州)가 연방을 이루고 있다. 러시아에는 85개의 연방 구성체가 있다. 22개 공화국(Республика), 46개 주, 9개 지방, 1개 자치주(Край or Область), 4개 연방구(Федеральный округ), 3개의 연방시로 구성된다. 러시아의 주는 한국으로 치면 도(道)와 비슷한 개념이다. 상대적으로 독립성이 떨어진다. 반면 공화국은 자체 헌법을 가진 곳이 있을 정도로 상대적으로 독립성이 높다. 이들 공화국은 소수 민족이 모여 사는 곳이라고 보면 된다. 예를 들어, 바이칼호가 있는 부랴트 공화국(Республика Бурятия)에 가면 현지 인구의 90퍼센트가 몽골계 민족인 부랴트족이다. 백인 러시아인을 찾아보기가 매우 힘들다. 언어도 다르다. 부랴트 공화국의 공식 언어는 러시아어가 아닌 부랴트어다. 부랴트의 시골 사람들은 러시아어를 아예 모르기 때문에 소통과 교육을 위해서 부랴트어를 사용한다.

말이 나온 김에 행정 구역에 대한 이야기를 조금 더 하자면, 러시아의 행정 구역은 단순히 지역이나 민족으로만 나뉘지는 않는다. 자원의 효율적인 배분을 고려해서 설치된 행정 구역도 있다. 연방구가 그런 곳이다. '불쌍한 자 vs 나약한 자' 장에서 러시아의 남부와 북부는 정부로부터 받는 혜택이 다르다고 했는데, 이를 위해 만들어진 행정 구역이 바로 연방구다. 영토가 커다란 러시아는 지리적 조건뿐만이 아니라 민족과 자원의 분배까지 고려한 복잡한 행정 체계를 구축해야만 했다.

러시아에 이렇게 다양한 민족이 거주하는 만큼, 그들만의 독특한 언어, 문화, 건축물 등이 해당 지역의 특색을 이룬다. 모스크바를 벗어나 러시아 중부 지역에 가면 슬라브계 백인보다 소수 민족이 사는 지역들이 더 많다. 러시아

남부에 위치한 체첸 공화국이나 다게스탄 공화국은 캅카스 산맥과 이슬람 문화를 내세운다. 다이아몬드와 추위로 유명한 야쿠티야 지역은 민족, 전통, 문화 등이 너무 달라서 러시아에서도 이질적인 곳이다.

이런 인종적, 문화적 다양성에는 역사적 배경이 있다. 러시아가 주변 국가와의 전쟁과 교류를 하는 과정에서, 그리고 내부적으로는 폭력적 이주와 개발의 역사에서 비롯된 것이다.

러시아는 13세기부터 15세기까지 몽골의 지배를 받았다. 그로 인해 몽골의 문화적, 언어적, 종교적 흔적이 아직까지 남아 있다. 말(馬)을 소중히 여기는 몽골의 영향으로 털의 길이, 색깔에 따라 말을 표현하는 단어가 다르다. 젊은 수말은 메린(Мерин), 갈색 말의 색깔을 까리이(Карий)라고 한다. 냉대 기후의 침엽수림을 의미하는 타이가(Тайга)도 몽골에서 온 단어다. 러시아식 만두 펠메니는 몽골의 영향을 받은 대표적인 음식이다.

18세기부터 20세기까지는 유럽과 친밀한 관계를 맺으면서 일상의 삶부터 언어까지 많은 영향을 받았다. 당시 세계의 중심은 유럽이었고 러시아는 세계의 중심에 편입하기 위해 유럽을 배우고 따라하려고 했다. 모스크바를 중심으로 러시아도 유럽이라는 정체성은 이때 생겨났다. 러시아는 서쪽을 바라보면서 제국을 건설하고 있었다.

1238년 몽골 제국의 바투 칸이 침공한 수즈달 (Су́здаль)의 모습을 그린 세밀화.
수즈달은 모스크바 북동쪽에 위치해 있고, 현재 블라디미르주에 속한 도시다.
ⓒ Wikipedia

18세기는 시베리아 및 중앙아시아로 진출하는, 이른바 동진(東進)이 본격적으로 시작된 때이기도 하다. 중부 러시아에서 주로 거주하던 백인 슬라브계 러시아인들이 이주하여 현지 소수 민족을 지배하게 됐다. 20세기에 소련은 주로 정치범이었던 수감자의 강제 노동을 통해 시베리아 및 극동 지역을 개발했고, 수감자들이 그곳에 뿌리내리게 했다. 뿐만 아니라 소련 당국의 강제 이주 정책*으로 인해 다양한 인종과 민족 들이 각지로 흩어졌다. 2010년 러시아 인구 조사 자료에 따르면, 연해주에 우크라이나 출신, 남부에 독일 출신, 사할린에 고려인들이 많이 거주하고 있는 것으로 나타났다.

—— 인종 차별이 아닌 여권(旅券) 차별

한국에서 살다 보면, 한국인들이 유럽에서 인종 차별을 당했다는 소식을 종종 듣는다. 스킨헤드나 극우주의자들이 한국인을 비롯한 동양인을 보면 시비를 걸거나 심하

---

* 소련의 강제 이주 정책은 복잡한 정치적, 경제적 고려로 이루어졌다. 예들 들면, 고려인 이주는 제2차 세계대전이 일어나기 전에 고려인들이 일본 편을 들지 모른다는 우려 때문이었고, 우크라이나인의 이주는 동부 개척 당시 식민 정책 때문이었다. 독일인의 경우에는 제2차 세계대전이 끝난 후 독일 포로들을 러시아 중심부(모스크바)에서 먼 곳으로 이주시키려는 목적이었다.

면 린치를 가한다는 뉴스다. 이런 이유로 한국인이 러시아에 가면 안전하냐는 질문을 가끔 받는다. 그러고는 거칠기로 유명한 러시아는 인종 차별 때문에 여행하기가 겁이 난다고 말한다. 이런 질문에 익숙해지기까지는 시간이 걸렸다. '인종 차별'이라는 낯선 말 때문이었다. 러시아인에게 '인종 차별'이라는 개념은 생소하다. 믿어지지 않겠지만, 인종 차별이라는 게 존재한다는 것을 한국에 와서야 알게 됐다. 한국의 인종 차별이 심하다는 의미가 아니다. 러시아와 한국은 인종 차별에 대한 인식 자체가 달라도 너무 다르다는 말이다.

앞서 언급했듯이 러시아에 있을 때는 눈이나 피부색, 머리색으로 사람과 사람을 구분한다는 걸 상상하지 못했다. 워낙 민족이 다양하고, 나와 외모가 다른 사람들이 주변에 많아서 외모로 사람을 평가하는 것 자체가 무의미하기 때문이다. 당신과 피부색이 다른 사람을 어떻게 생각하냐고 묻는다면, 러시아에서는 이렇게 들린다. "당신은 동작구에 사는데, 마포구에 사는 사람을 어떻게 생각하나요?" 요컨대, 다 같은 러시아 사람인데 무슨 구분이 필요하냐는 뜻이다. 고향이 다를 뿐, 같은 나라에 살고, 같은 여권을 가지고 있는 사람이라고 여긴다.

그렇다면 러시아에서 스킨헤드가 동양인에게 인종 차별을 한다는 이야기는 거짓일까? 만약 2022년 현재 이런 뉴스가 있다면, 기자의 게으른 취재가 만들어낸 가짜 뉴스일 가능성이 높다. 현재 러시아에는 스킨헤드가 거의 없다. 스킨헤드는 1980~1990년대 이야기다. 사회가 극도로 혼란했던 시기였다. 2000년대 이후로 그런 스킨헤드들은 거의 사라졌다. 지금도 있긴 하지만 길거리에서 활개 치고 다닐 정도는 아니다.

인종 차별에 관한 내용도 틀린 이야기다. 러시아에서 인종 차별로 보이는 일들은 사실 '국적 차별'이다. 러시아에서 나처럼 생긴 슬라브계 백인이 머리를 빡빡 밀고서는 동양인에게 "칭챙총" 하는 건 당신이 동양인이라서가 아니다. 당신이 러시아인이 아니기 때문이다. '외국인 혐오'가 러시아에서 벌어지는 인종 차별처럼 보이는 일들의 본질이다.

러시아는 기본적으로 외국인에게 배타적이다. 어느 정도냐 하면, 나조차도 모스크바에 갔을 때 불심 검문을 당한 적이 있을 정도다. 나는 이제 한국인이긴 하지만 태생이 러시아 백인이다. 외모로 볼 때 나는 일반적인 러시아인이었지만 트렁크 가방을 끌고 다니는 바람에 '외국인 여행자'처럼 보인다는 이유로 검문을 당했다. 러시아어를 못하는 동양인은 더 눈에 잘 띌 수밖에 없다. 외국인이 못마땅한 사람들이 시비를 건다.

그렇다고 러시아인들이 모든 외국인을 다 혐오하는 건 아니다. 러시아인들이 싫어하는 몇몇 국가가 있다. 대표적

1990년대 러시아에서 흔히 볼 수 있었던 스킨헤드. ⓒGetty Images

인 나라가 중국이다. 동양인에게 시비를 거는 대부분의 러시아인들은 상대가 중국인인 줄 아는 경우가 많다. 한국인이라고 이야기하면 "그래? 그럼 잘 놀다 가." 하고 끝난다.

이런 행동들이 인종 차별이 아니라는 이유로 정당하다는 게 아니다. 분명히 잘못된 사고방식이다. 여기서 러시아의 국적 차별을 옹호하는 논리를 펴려는 의도는 없다. 다만 러시아에서 이런 차별이 만들어진 데에는 나름의 역사적 배경이 있다는 점을 알면 러시아를 이해하는 데 도움이 될 것이라고 생각한다.

외국인을 혐오하는 정서는 1990년대, 소련이 해체된 직후로 거슬러 올라간다. 1922년부터 1991년까지 존재했던 소련에서는 다인종·다민족 국가로서 정체성이 확고했다. 외국과의 교류도 적고 사회 내에서 경쟁도 심하지 않았다. 현재 40대 이상의 러시아 국민들은 외모가 확연히 다른 사람들도 자연스럽게 다 같은 소련 사람으로 받아들일 수 있었다. 그저 출신지가 다를 뿐, 같은 나라에 살고, 같은 여권을 갖고 있는 사람이라고 여겼다.

소련 해체 이후 문제가 발생했다. 해체된 구소련 소속 국가 중 그나마 잘사는 나라가 러시아였다. 상대적으로 빈곤한 나라인 중앙아시아 국가 사람들이 일자리를 구하러 러시아로 넘어왔다. 러시아인들은 중앙아시아 출신 외국인들과 일자리를 놓고 경쟁하게 됐다. 여기에 러시아와는 확연히 다른 문화가 혐오 정서에 불을 지폈다. 러시아 연방 공화국들 중 남쪽의 체첸 공화국이나 다게스탄 공화국에서는 소를 죽이는 도살 축제가 있다. 러시아 사람들은 이를 빌미로 이곳 사람들을 야만인으로 본다. '중앙아시아 사람들은 함부로 침을 뱉고 다닌다', '냄새 나는 음식을 먹는다', '남자가 여자를 함부로 대한다'와 같은 이미지가 덧대어졌다. 러시아 사람들에게 중앙아시아는 야만스러운 동네, 무례하고 멍청한 사람들이 사는 동네라는 혐오의 이미지가 각인됐다.

사실 이때의 혐오 정서는 인종 차별과 구분하기 어렵다. 중앙아시아 출신처럼 보이면 색안경을 끼고 바라보던 시기다. 이런 정서가 완전히 사라진 것은 아니다. 다만 어찌 됐든 같은 러시아인이라는 것을 알면 대놓고 차별을 하지는 않았다는 게 미묘한 차이일 것이다.

경제적인 어려움을 겪는 이유를 외부로 돌리는 게 혐오의 근원이다. 지금 중국인을 혐오하는 이유도 마찬가지다. 중국인들과 접촉이 늘어나다 보니 중국인들에게도 마찬가지로 시끄럽고 지저분한 사람들이라는 이미지가 만들어졌다. 그래서 외국인으로 보이는 동양인을 보면 중국인이겠거니 하고 시비를 건다.

사실 러시아인은 한국인이나 일본인에게는 우호적인 감정을 가지고 있다. 러시아에서 중국인으로 오해를 받는

지극히 사적인 러시아

다면 여권을 보여 주고 한국인이라는 걸 밝히면 대부분 별 문제는 발생하지 않을 것이다. 그러나 외국인이라는 이유만으로 위협을 받을 수 있다는 것은 러시아에서 하루 빨리 사라져야 할 악습이다. 혐오는 온갖 형태로 살아남아 가지를 뻗는다.

러시아인과
한국인 사이

　이 책에서 따로 언급하고 싶은 민족이 있다. 바로 고려인들
이다. 한반도를 떠나서 현 러시아 연해주 쪽에 정착한 조선인
들 말이다. 19세기 말에서 20세기 초까지 연해주의 고려인들
은 주로 무역이나 외교와 관련된 일을 하는 사람들이 많았다.
이후 조선이 일본의 식민지가 되면서 항일 운동가를 비롯한
조선인들이 대거 이주해 왔다. 시간이 많이 흘러 고려인 1세
는 더 이상 생존해 계시는 분이 없다. 현재는 고려인 3~4세가
대부분이다.

　내가 대학교에서 만난 친구들 중 상당수가 고려인들이었
다. 지역 특성상 블라디보스토크에는 다른 지역에 비해 고려
인들이 많은 편이다. 여기에 혈통적인 이유로 고려인들이 한
국학과에 지원하는 경우가 많았다. 부모님의 영향으로 한국
어를 배워서 한국과 관련된 사업을 해 볼까 하는 생각으로 한
국어를 전공하는 경우다. 러시아 내의 다른 민족들과 마찬가

지로, 나는 그들이 고려인이라는 의식을 전혀 하지 못했다. 그들은 그저 러시아인이었을 뿐이었다. 마찬가지로 고려인 친구들 역시 러시아인의 정체성을 가지고 있었다. 나와 똑같이 한국어와 한국 문화를 전혀 모르는 채 살고 있었다. 김치를 먹어본 적도 없고, 설이나 추석을 쇠지도 않았다. 먹고 입고 생각하는 방식이 여느 러시아인과 다를 바가 없었다.

한국에 와서도 러시아에서 온 고려인 친구들을 많이 만났다. 그런데 한국에 온 고려인 친구들은 많이 흔들리고 있었다. 100퍼센트 러시아인으로 살아오다가 한국에 오면서 정체성에 대한 질문이 시작됐기 때문이다. 나와 고려인 친구들은 한국에서 다르게 취급받았다. 나와 고려인이 한국어를 비슷한 수준으로 하면, 나에게는 칭찬이, 고려인 친구들에게는 의아한 눈길이 쏟아졌다. 슬라브계 백인인 내가 한국어를 하면 신기해하며 추켜세워 주었지만, 생물학적 한국인인 고려인이 한국어를 유창하게 못하면 의아하게 생각했다. 그래서 곤혹스러운 감정을 토로하는 고려인 친구도 있었다. 자기는 스스로를 러시아인으로 규정하고 있었는데, 한국에서는 자신에게 한국인으로서의 정체성을 기대하고 있어서 당황스럽다는 이야기였다. 나는 그 친구들이 왜 그런 감정을 느끼는지 머리로는 알고 있었지만 제대로 공감하기는 어려웠다.

한국에 오래 살면서 귀화까지 하고 보니 그 친구들이 어떤 감정을 느꼈는지, 아주 조금은 이해할 수 있을 것 같다. 한국인들은 나를 보면서 어떻게 대해야 할지 살짝 혼란스러워한

다. 이제 한국 국적을 가졌으니 한국인 취급해야 한다고 생각
하지만, 막상 이야기를 나눠 보면 여전히 나를 외국인이라고
생각한다. 나와 러시아에 대한 이야기를 나눌 때면, 한국인의
입장을 설명하면서 나에게 '저희는'이라는 표현을 쓰는 경우
가 많다. 그러면서도 내가 한국인으로서의 정체성을 가지고
있기를 기대한다. 이런 기대가 가장 많이 드러날 때는 나에게
귀화한 이유를 물어볼 때다.

한국인이 아니라
'대한민국 국민'입니다

한국인들은 한국에서 거주하는 외국인에게 한국의 특별
한 무언가를 느끼고, 그것을 사랑한다는 이야기를 듣고 싶
어 하는 것 같다. 외국인을 패널로 초청한 예능 프로그램을
보면 확연히 드러난다. 외국인 패널들이 나와서 한국의 자
랑거리를 이야기하고 넘버원을 외친다. 이런 방송을 통한
자긍심 고취는 긍정적이다. 외국인들이 등장하지만 결국 한
국인들이 보라고 만드는 프로그램이다. 결과적으로 한국의
뛰어난 문화를 소개한다는 측면에서 좋은 콘텐츠라고 생각
한다. 그런데 많은 사람들이 나에게도 이런 태도를 갈구한
다. 한국의 무엇이 얼마나 특별하길래 '대국(大國)' 러시아의
국적을 버리고 한국으로 귀화했을까 궁금해한다.

　　　　　　　　　　　　　지극히 사적인 러시아

나로서는 당혹스러운 질문이다. 그럴 때 내 대답은 "당연히 한국이 좋아서 귀화했지요"다. 한국이 싫은 나라였으면 왜 귀화까지 했을까. 한국은 좋은 나라다. 경제적으로나, 정치적으로나, 문화적으로나 세계에서 손꼽을 만한 나라다. 한국으로 귀화한 뒤 블라디보스토크에서 갈 때면 조금이지만 어깨가 으쓱해지기도 했다. 한국의 영향력이 강한 내 고향에서 한국 여권의 색깔은 나름 부러움을 살 만한 아이템이다.

하지만 내가 귀화한 이유는 '한국인'이 되고 싶어서가 아니다. 여기까지만 보고 오해하는 분이 없기를 바란다. 내가 왜 이렇게 이야기하는지 차분히 읽어 봐 주셨으면 한다. 내가 국적을 바꾼 이유는 한국에서 살기 위해서다. 무슨 이야기인가 하면, 나는 늙어서도 러시아에 돌아갈 생각이 전혀 들지 않았고, 아마 무슨 일이 있어도 한국에서 살게 될 거라는 확신이 있었다. 그래서 한국에서 계속 살고 싶었고, 한국에서 계속 살려면 외국인보다는 '국민'이 되는 게 낫다고 생각했다. 국민이 되면 의무와 함께 권리도 생긴다. 이 땅에 살기로 한 이상, 나는 이 나라와 이 사회에 대한 권리를 가지고 싶었다. 특히 참정권이 탐났다.

한국은 정치 참여가 실질적으로 보장된 나라다. 선거 때가 되면 투표를 통해 의사를 표현할 수 있다. 내가 원하는 후보가 뽑히면 실제로 내가 원하는 정책이 반영될 여지도 커진다. 어릴 때는 내가 속한 사회와 공동체가 어떻게 돌아가는

나는 늙어서도 러시아에 돌아갈 생각이 전혀 들지 않아서 귀화를 하게 됐다.

ⓒ Belyakov Ilya

지 몰랐지만, 한국에 와서 사회생활을 하는 동안 경제, 부동산 등이 정치와 얽혀 현실에 얼마나 큰 영향을 미치는지 배웠다. 나도 한국에서 열심히 일해서 재산을 모으고 원하는 일을 하고 싶다는 목표가 생겼다. 그 목표를 이루려면 나도 투표를 하고 의사를 표현해야 한다고 생각했다.

러시아에서 하면 되지 않느냐고 물을지 모른다. 나는 20대 초반에 한국에 와서 성인이 된 이후 거의 모든 인생을 한국에서 보냈다. 내 모든 기반은 한국에 있다. 러시아에 가면 러시아어를 잘하고 부모님이 계시다는 것 말고는 여러분과 다를 바가 없다. 그리고 무엇보다도 러시아에서 참정권은 아무런 의미가 없다. 선거는 정치 쇼에 불과하다. 푸틴이 헌법을 바꿔 가며 20년 넘게 집권하고 있는 게 증거다. 그래서 나는 국적을 바꿨다.

그렇다면 지금 내 정체성은 무엇일까. 나는 '한국인'이 아니라 '대한민국 국민'이라고 말한다. 한국인이라는 개념은 다분히 민족적인 개념이다. 세계에서 한국 같이 하나의 민족과 언어를 중심으로 나라가 형성되고 유지해 온 경우는 드물다. 그래서 한국인들은 한국인이 곧 대한민국 국민이라고 생각한다. 한국은 매우 예외적인 나라인데, 한국에서 태어나고 배운 사람에게는 한국이 보편적인 기준이 된다.

그런데 나는 다민족 국가인 러시아에서 왔다. 러시아는 '국적 국가'다. 러시아인을 하나로 묶는 건 국적밖에 없다. 민족이나 언어로는 도저히 공동체를 이룰 방법이 없다. 나는 러시아에서 태어나고 자란 탓에 이 사고방식이 그대로 머릿속에 박혀 있다. 나에게 국가란 곧 국적, 여권 색깔을 의미한다. 민족이나 언어는 내 여권의 색을 결정하지 못한다. 다른 나라로 귀화하면 배신자 소리를 듣지 않느냐는 질문도 들어 봤다. 한국인들은 국적을 바꾸는 걸 자신의 정신적인 뿌리까지 포함한 정체성을 바꾸는 일이라고 생각하는 것 같다. 나 같은 다문화·다민족 국가 출신으로서는 사실 이해가 안 가는 말이다. 국적은 국적이고 나는 나다. 그렇게 생각하는 문화에서 태어나고 자랐다.

대한민국이
우리나라가 되기까지

내가 한국에 대한 관심 없이 현실적인 이유만으로 귀화했냐고? 그렇지 않다. 같이 한국에 온 러시아 친구들 중에 현재 남아 있는 사람은 거의 없다. 이런저런 이유로 한국을 떠났다. 적응의 문제도 컸다. 나는 그런 이유들을 넘어설 정도로 한국을 좋아한다. 2018년에 러시아의 칼리닌그라드에서 '러시아 해외 동포 포럼'이 열렸다. 러시아 정부에서 전 세계에 나가 있는 러시아인들 중 500명을 초청해 화합을 도모한 행사였다. 현재 국적에 상관없이 러시아계라면 참가 자격이 있었고 나도 한국 대표로 초청받았다.

행사 첫날에는 서먹서먹한 분위기를 깨기 위해 간단하게 자기소개를 하는 시간을 가졌다. 참가자들 대부분은 지리적 특성상 유럽에서 거주하는 사람들이 많았다. 아시아 거주자는 소수였고, 한국에서 온 사람은 나와 부산에 사는 고려인 친구, 단 둘뿐이었다. 대부분 자기소개는 이런 식이었다. "이탈리아에서 왔고 자동차 영업을 하고 있는 알베르토입니다." 그러면 박수를 치고 다음 사람에게 순서가 넘어갔다. 우리 순서가 됐을 때 나는 이렇게 말했다. "한국에서 온 일리야입니다. 한국 대학교에서 학생들을 가르치고 있습니다." 내가 자기소개를 끝내자 순식간에 분위기가 달라졌다. 한국이라는 말이 나오자마자 술렁였다. 쉬는 시간에는 우리 주변에

지극히 사적인 러시아

사람들이 몰려들었다. 케이팝, 방탄소년단, 한국 영화와 드라마, 전자 제품 등에 대한 이야기가 이어졌다. 단지 한국에서 왔다는 이유로 관심을 받게 된 것이다. 나도 모르게 어깨가 으쓱해졌다. '내 나라'가 대단한 나라구나라는 자부심이 솟아났다.

나로서는 새로운 경험이었다. 나라에 대한 자부심은 러시아에서는 느껴 본 적이 딱히 없었기 때문이다. 러시아는 그냥 러시아고 나는 나였다. 러시아는 큰 나라이고 문화도 다양하고 깊다. 자연 경관도 여느 나라에 뒤지지 않는다. 세계에서 국토 면적이 가장 큰 나라인데 무엇이 모자라겠나. 그런데 러시아의 무엇인가가 뛰어나다고 해서 내가 뿌듯함을 느낄 이유는 없었다. 러시아는 내가 원해서 국적을 획득한 나라가 아니었다. 태어나 보니 러시아였을 뿐이다. 그저 태어날 때부터 주어진 것을 자랑하기는 좀 부끄럽다는 생각이 들었다.

하지만 대한민국은 내가 선택하고, 내가 노력해서 국민의 지위를 얻게 된 나라다. 그런 나라가 남들에게 관심과 인정을 받으니 내 선택에 대해 스스로를 칭찬하게 됐다. 내 '국적'에 대한 자부심이 마음속에 퍼졌다.[*]

---

[*] '2018년 러시아 해외 동포 포럼' 마지막 날에는 자기가 온 나라를 소개하는 코너가 있었다. 국가별로 조를 나누어 약 1분간 자기가 사는 나라를 자유롭게 소개하는 행사였다. 한국에서 온 사람은 나와 친구 한 명뿐이었기 때문에 순간 어깨가 무거워졌다. 갑자기 국가 대표가 된 기분이었다. 나는 고민하다가 한국에 거주하

나는 한국인의 사고방식을 이해하고 존중하지만, 내 사고방식을 버릴 수는 없다. 그리고 어떻게 한들 내 피부색을 바꿀 방법도 없다. 나는 죽을 때까지 '한국인'이 될 수 없다. 스스로를 한국인이라고 말하는 건 거짓말이라고 생각한다. 대한민국에 대한 이야기를 할 때 여러분들은 나를 앞에 두고 '저희'라는 말 대신 '우리'라는 말을 쓰기 불편할 것이다. 그러나 나는 '우리나라'라는 말을 쓰는 게 전혀 불편하지 않다. 때때로 동의할 수 없는 부분들이 있지만 이해할 수는 있다. 모든 한국 사람들이 똑같은 생각을 가지고 있지는 않은 것과 마찬가지다. 이제 나는 '대한민국 국민'이다. 대한민국 국민이 되는 방법은 간단하다. 의무를 지키고 권리를 행사하면 된다. 세금을 내고 투표를 한다.

대한민국은 이제 큰 나라가 됐다. 눈에 띄지 않을지 모르지만 '한국인'이 아닌 많은 사람들이 대한민국을 삶의 터전으로 삼고 있다. 그들 중에는 나처럼 '대한민국 국민'이 되는 길을 선택한 사람들도 있다. 이런 사람들에게 한국인으로서의

는 외국인의 눈으로 봤을 때 가장 매력적인 한 유튜브 영상을 소개했다. 브랜든 리(Brandon Li)라는 미국인 영상 제작자가 서울을 소개하는 'Seoul_Wave'라는 영상이었다. 내가 보기엔 서울의 특징, 사회 현상, 한국 문화의 힙한 포인트를 정말 잘 잡아냈다. 이 영상에 대한 반응은 폭발적이었다. 외국인들이 한국을 어떻게 바라보는지 여러분들도 영상을 통해 엿보기 바란다. 옆에 있는 QR 코드를 스캔해 보시라.

지극히 사적인 러시아

정체성을 요구하면 조금 곤란해진다. 모국의 언어, 교육, 환경, 문화 등이 한국과는 매우 다르기 때문이다. 다시 말하지만, 한국은 매우 특별한 나라다. 대부분의 경우, 나 같은 외국인 출신이 귀화를 한다 해도 사고방식을 완전히 한국식으로 바꾸기는 어렵다. 그리고 그럴 필요도 없다고 생각한다. 그래야 한국 사회에 다양성이 추가되고 문화적으로 더욱 다채로워질 수 있기 때문이다. 나를 포함한 귀화자들은 한국 사회에 잘 적응해서 살고 있는 '우리 국민'이다. 국민으로서 나는 내 삶의 터전을 지키고 가꾸기 위해 노력한다. 대한민국의 다른 국민들과 똑같이 말이다.

'피의 철도'에서
여행자의 로망이 된
시베리아 횡단 열차

:

전 세계에서 가장 긴 철도는 러시아에 있는 시베리아 횡단 철도다. 모스크바에서 출발해 블라디보스토크까지 이어지는데, 그 길이가 무려 9,288킬로미터다.

시베리아 횡단 철도는 1891년에 건설이 시작됐다. 황제 알렉산드르 3세(Александр III, 1845~1894)가 러시아 중부 지역과 극동 지역을 연결하는 철도를 만들라는 지시를 내렸다. 당시 러시아는 극동 지역을 차지한 지 얼마 되지 않은 때여서, 이 지역의 인프라는 매우 열악했고 관리가 잘되지 않았다. 일본과 중국은 극동 지역을 호시탐탐 노리는 형국. 유럽에서 존재감을 드러내고 있던 러시아 제국은 극동 지역에서도 패권을 잡고 싶었다. 하지만 전쟁을 위한 물자와 인력을 바로 투입할 수 있는 여건이 전혀 아니었다. 1860년에 건설된 블라디보스토크에서 당시 수도였던 상트페테르부르크까지 육로로 가는 길은 개척되지 않았다. 배를 이용하기도 어려웠다. 아시아 대륙을 돌아가려면 시간이 무한정 소요됐다. 북극해를 건너면 아시아 대륙을 돌아갈 때보다 거리는 단축되지만 얼음을 뚫고 갈 방법이 없었다. 블라디보스토크까지 빨리 갈 수 있는 방법을 찾지 않으면, 극동에서 전쟁이 일어났을 때 전력을 투사할 수 없었다. 알렉산드르 3세가 시베리아 횡단 철도를 건설하기로 마음먹은 배경이다.

철로 공사는 1891년부터 1916년까지 이어졌다. 수많은 노동자들이 시베리아의 열악한 환경을 버텨 내며 공사를 이어 갔다. 러시아인뿐 아니라 유럽 각국에서 온 노동자들, 고려인 및 중국인도 시베리아 철도를 만든 공로자들이었다. 실제로 기차를 타고 갈 수 있는 구간은 1903년에 이르러서야 처음으로 개통되었지만, 바이칼 호수(Озеро Байкал)에서 연결이 끊겨 있었다. 바이칼 호수 구역에서는 기차를 페리에 싣고 건너야 했다. 1906년 드디어 바이칼 호수 남쪽을 둘러 가는 구간이 완공되면서 기차에서 한 번도 내리지 않고 상트페테르부르크에서 블라디보스토크까지 갈 수 있게 됐다. 이제 사람도 화물도 배가 아닌 기차로 태평양 연안에서 유럽 대륙으로 바로 갈 수 있는 길이 열린 것이다.

광활한 러시아 땅을 동서로 잇고 본격적으로 극동 지역에서 패권을 휘두를 수 있게 됐다는 기쁨은 오래가지 않았다. 러시아 사회가 요동치고 황제의 목숨마저 위태로운 상황이 전개됐기 때문이다. 1905년 러일 전쟁에서 러시아가 일본에게 일격을 당하자 1910년대부터 러시아에서는 황제를 반대하는 운동이 벌어졌다. 1914년 시작된 제1차 세계 대전에서 많은 희생자가 발생하고, 러시아 국내 정치와 경

1895년 하바롭스크 인근에서 진행된 시베리아 횡단 철도 공사.
ⓒ Library of Congress

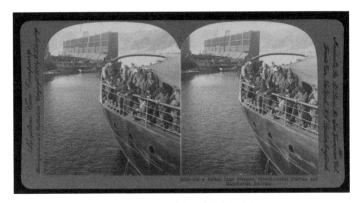

1904년 바이칼호에서 운행되던 증기선.
ⓒ Library of Congress

제 상황이 악화 일로에 있게 되자 1917년 러시아 혁명이 터졌다. 니콜라이 2세(Николай II, 1868~1918)는 제위에서 물러났고, 세계 최초로 사회주의 세력이 권력을 잡았다. 곧이어 황제를 지지하는 백군과 혁명을 지지하는 적군 사이에 내전이 벌어졌다.

시베리아 횡단 철도가 활발히 이용되기 시작한 때는 1930년대였다. 그것도 애초 계획했던 바와 전혀 다르게 사용됐다. 이오시프 스탈린(Иосиф Сталин, 1878~1953)은 '대숙청'*을 단행하면서 정적과 정치범 들을 시베리아 개발에 밀어 넣었다. 시베리아 횡단 철도는 이들을 죽음의 수용소였던 '굴라크(ГУЛАГ)'**로 실어 나르는 데 활용됐다. 수감자들은 시베리아의 굴라크에서 말 그대로 맨손으로 황무지를 개척하고 도시를 건설하며 많은 피를 흘려야 했다.

그래서일까. 러시아 역사학자들은 시베리아 횡단 철도를 '피의 철도'라고 부른다. 특히 '밤(БАМ, 바이칼 호수 지역과

---

* 스탈린이 1937년에서 1938년까지 자신에게 비판적인 인사들을 숙청한 사건. 소련 시절 국가가 자행한 범죄를 조사하는 러시아의 인권 단체 '메모리알(Мемориал)'에 따르면, 숙청으로 체포된 이가 최대 500만 명, 그중 사형 선고를 받은 사람은 약 100만 명에 이른다. 그러나 정확한 희생자 수는 알 수 없는 실정이다.

** 굴라크는 소련의 정치범 수용소다. 정치범을 비롯한 각종 일반 범죄자, 전쟁 포로, 외국인 등을 수용하여 시베리아를 개척하는 데 활용했다. 북한의 정치범 수용소인 아오지 탄광과 비슷한 개념이라고 보면 된다.

지극히 사적인 러시아

이무르강 지역을 연결하는 구간)'은 인구가 별로 없고 신과 늪이 많아서 철로를 놓기 상당히 힘들었는데, 이곳에서 작업을 하던 수감자의 40퍼센트가 혹독한 날씨와 과로 때문에 사망했다고 한다.

피로 만든 시베리아 횡단 열차는 아이러니하게도 소련을 구하는 데 일조하게 된다. 제2차 세계대전 당시 '대조국전쟁(독소전쟁)'이 벌어지자 소련은 독일의 공세에 크게 밀렸다. 그때 공업 시설도 시베리아 철도를 통해 동쪽으로 옮겼다. 시베리아 서쪽에 있는 도시 노보시비르스크(Новосибирск)가 러시아 제3의 도시이자 과학 도시로 크게 성장한 배경이다. 뜯어낸 공장을 노보시비르스크에서 다시 조립하고, 군수 물자를 만들어 독일과의 전선에 투입할 수 있었던 것은 시베리아 철도 덕분이었다.

―― 러시아 전역을 이어 주는 모세 혈관

시베리아 횡단 열차에서 '시베리아 횡단'은 블라디보스토크에서 모스크바까지 전체 구간을 의미한다. 이렇게 단번에 이동하면 일주일이 걸린다. 하지만 동쪽 끝에서 서쪽 끝까지, 또는 서쪽 끝에서 동쪽 끝까지 반드시 한 번에 갈 필요는 없다. 중간에 타고 내려도 되고, 여행하고 싶은 도시에서 머물고 다음 기차를 타고 다른 도시로 이동해도 된다. 이러면 여행 시간은 몇 배 더 걸린다. 시베리아 횡단 열차가 지나가는 도시와 동네 들을 충분히 구경하고 경험하려면 여행 기간을 최소한 한 달은 잡아야 한다.

만약 블라디보스토크에서 모스크바까지 한 번에 가려면 러시아(Россия)호를 타야 한다. 러시아 국기 색깔로 치장된 이 기차는 시베리아 횡단 열차의 상징이다. 시설도 가장 좋다. 모든 칸은 쿠페(Купе, 4인실)와 에스베(СВ, 2인실)로 구성되어 있다. 블라디보스토크에서 모스크바까지 편도 가격은 저렴한 편이 아니다. 러시아호 에스베의 편도 티켓 가격은 비행기 왕복 티켓 가격과 거의 동일하다. 코로나19 팬데믹 이전 시기에는 한화로 60~70만 원 수준이었다.

러시아인들이 동서의 대도시를 오갈 때 시베리아 횡단 열차를 이용하는 경우는 드물다. 시간이 너무 많이 걸리기 때문이다. 그래서 러시아 사람들은 돈을 조금 더 내더라도 9시간 정도면 목적지에 도착할 수 있는 비행기를 탄다. 러시아 사람들에게도 시베리아 횡단 열차는 이동의 목적보다는 경험을 위해 타는 교통수단이라는 이야기다.

하지만 중간에 짧은 거리를 이동하는 승객은 예외다. 시베리아 횡단 열차는 많은 도시를 지나면서 대도시와 소도시, 소도시와 소도시를 연결한다. 예를 들어, 바이칼 호수가 있는 이르쿠츠크(Иркутск)에서 시베리아 지역 최대 도시인 노보시비르스크까지는 직항 비행기가 아예 없거나, 새

모스크바와 블라디보스토크를 한 번에 갈 수 있는 러시아호. ⓒ Alberto Mondi

벽이나 한밤중 같이 불편한 시간대에만 탈 수 있다. 시베리아 횡단 열차를 타면 며칠밖에 안 걸리기 때문에 유용한 교통수단이 될 수 있다. 러시아는 모스크바를 중심으로 모든 인프라가 집중되어 있다. 모스크바에서는 비교적 손쉽게 러시아 전역을 갈 수 있지만 지방 도시들끼리는 연결이 쉽지 않다. 서울과 부산 사이의 교통편과 부산과 광주 사이의 교통편을 비교해 보면 이해하기 쉬울 것이다. 비행기가 러시아 교통의 대동맥이라면, 시베리아 횡단 열차는 지방과 지방을 잇는 모세 혈관 역할을 한다고 보면 된다.

그러니 시베리아 횡단 열차를 타는 러시아 사람들 대부분은 휴가차 고향으로 가는 군인이거나, 비행기 티켓을 구매할 돈이 없어서 기차를 타야 하는 이들이다. 러시아 군인들은 시베리아 횡단 열차를 무료로 이용할 수 있다. 한국에서도 철도이동관리반(TMO)을 통해 휴가를 가는 군인들이 무료로 열차를 탈 수 있다고 들었는데, 이와 비슷한 서비스다. 러시아 관련 유튜브를 보면, 한국인 여행객들이 시베리아 횡단 열차 안에서 러시아 군인과 시간을 보내면서 친해지는 영상이 유독 많은 데에는 이런 이유가 있다.

—— 여행자들이 정을 쌓는 곳

나도 시베리아 횡단 열차를 타 본 적이 있다. 대학교 1학년을 마치고 여름 방학 때 엄마와 모스크바로 여행을 가는데, 여행 기분을 내려고 기차를 탔다. 엄마와 나는 4인실 기차표를 구매했다. 아래 침대는 엄마가, 위 침대는 내가 썼다. 다른 침대에는 우리처럼 블라디보스토크에서 모스크바까지 여행을 가는 일본인이 있었고, 나머지 한 침대는 주인이 계속 바뀌었다. 엄마와 나, 그리고 일본인 관광객. 우리는 마치 세 명이 일행인 것처럼 함께 안전하고 편안한 여행을 즐겼다.

일본인 관광객의 이름은 다케시였다. 그는 30대 중반의 남자였는데, 러시아어를 전혀 몰랐다. 다행히 영어는 조금 할 줄 알아 나와는 영어로 띄엄띄엄 대화를 나눴다. 평범한 직장이었던 그는 어느 날 아침에 일어나니 인생에 회의감이 몰려왔다고 했다. 인생은 덧없이 흘러가는데 이뤄 놓은 게 거의 없다는 느낌에 우울증에 빠졌다. 그러던 차에 텔레비전에서 봤던 러시아가 생각났다. 그 무서운 나라에 있는, 세계에서 가장 긴 철도 여행을 해 보겠다고 마음먹었다.

시베리아 횡단 열차는 러시아인인 나와 완벽한 이방인인 다케시 씨가 낯섦에 적응하면서, 자연스럽게 서로를 알아가는 공간이었다. 나는 다케시 씨의 모험심을 존경하지 않을 수 없었다. 그는 유럽 여행도 가 본 적이 없었다. 말도 전혀 통하지 않는 이 거친 러시아를 손짓 발짓과 몇 마디 영어만으로 여행하고 있었다. 기차표를 사는 것조차 힘들었

나와 함께 시베리아 횡단 열차를 타고 모스크바로 여행을 떠난 엄마.

열차 여행에서 우연히 만난 다케시 씨.

다고 했다. 지금이야 스마트폰 번역기가 있어서 어디서든 간단한 의사 전달이 가능하지만 당시에는 핸드폰으로 인터넷을 이용하기도 어려울 때였다.

당시 나는 한국어를 배운 지 1년 정도 됐을 때였다. 일본어는 전혀 몰랐다. 기차 여행을 하는 동안 나는 다케시 씨에게 러시아어 알파벳을 가르쳤고, 다케시 씨는 내게 히라가나와 가타카나를 알려 줬다.

다케시 씨는 우리를 통해 러시아를 알아가는 듯했다. 연해주 어딘가에 있는 작은 간이역에서 기차가 섰을 때였다. 엄마께서 딸기가 너무 싸다며 3킬로그램을 사오셨다. 엄마와 나, 둘이서 다 먹기에는 양이 너무 많았다. 엄마는 1킬로그램 정도를 봉투에 따로 담더니 다케시 씨에게 건넸다. 다케시 씨는 지갑을 꺼내 돈을 주려고 했다. 엄마는 당황해하며, "돈을 주지 않아도 돼요. 그냥 먹어요"라고 말하고는 어서 통역을 하라고 나를 재촉했다. 다케시 씨는 충격을 받은 모양이었다. "일본에서는 딸기가 너무 비싸요. 이렇게 1킬로그램이나 그냥 주는 건 말도 안 돼요. 그냥 여행 중에 만난 사람인데도 이렇게 음식을 나눠 주는 게 신기해요." 그는 뜻밖의 선물에 몸 둘 바를 몰라 하면서 이렇게 말했다. 나중에 생각해 보니 당시 엄마가 다케시 씨에게 보여준 것은 러시아의 '정'이었다.

이미 경험한 이들도 있겠지만 시베리아 횡단 열차는 일주일 동안 쉬지 않고 쭉 달리지는 않는다. 중간중간 열차가 정차한다. 기차가 역마다 머무르는 시간이 다르다. 작은 도시나 마을의 간이역에서는 5~10분 정도, 큰 도시에서는 30분까지 머무른다. 기차에서 내려서 승강장을 따라 산책도 가능하고, 정차 시간이 길 때는 기차역 안에 다녀올 수 있을 정도로 여유가 있다. 블라디보스토크와 모스크바 중간에 있는 노보시비르스크에서는 바퀴나 브레이크 장치를 점검하기 위해 열차가 몇 시간 동안 선다.

이렇게 역마다 길게 머물렀다가 다시 출발하는 게 시베리아 횡단 열차 여행의 묘미다. 화려한 건축물을 뽐내는 대도시의 기차역부터 말 그대로 허허벌판 한가운데에 있는 간이역까지 다양한 역과 조우할 수도 있고, 다양하게 펼쳐진 아름다운 풍경을 눈에 담을 수도 있다.

가장 즐거운 일은 지역마다 색다른 음식을 만날 수 있다는 점이다. 단언하건대, 시베리아 횡단 열차보다 러시아 음식을 더 다양하고 재미있게, 더 풍부하게 경험할 수 있는 여행은 없다. 나는 블라디보스토크 토박이다. 한국에 오기 전까지 다른 곳에서 살아 본 적이 없다. 러시아 음식이 그렇게 다양하다는 사실을 시베리아 횡단 열차를 타면서 처음 알았다. 한 번도 먹어 보지 못한 음식, 재료가 신비롭게 조화를 이

시베리아 횡단 열차가 역에 정차할 때마다 지역색이 넘치는 음식을 만날 수 있다.
ⓒ Alberto Mondi

루는 음식, 지역의 특색을 담은 음식…. 내가 먹을거리에 별 관심이 없는데도, 그때만큼은 유독 음식에 몰두했던 기억이 난다. 음식에 진심인 사람이라면 얼마나 더 즐거웠을까. 입이 짧은 사람이라도 도전해 볼 만한 가치가 있다. 지역의 특색을 담은 거창한 요리가 아니더라도 역에서 할머니들이 파는 간단한 빵이나 채소, 과일 들만으로도 혀를 만족시킬 수 있다. 단, 한국의 휴게소 음식이나 일본의 에끼벤(駅弁)* 같은

---

* 일본 기차역에서 판매하는 도시락.

음식을 기대하지는 말자. 그런 조리 음식이나 인스턴트 제품은 없다. 기차의 식당 칸에서 식사를 하는 것도 말리고 싶다. 그렇게 맛이 있지도 않고, 역에서 만날 수 있는 음식에 비해 상대적으로 비싼 편이다. 이런 까닭에 대부분의 러시아인들은 열차에 탑승할 때 먹을거리를 미리 챙기거나, 기차가 승강장에 설 때마다 지역 상인들에게 음식을 산다. 상인들은 열차가 역에 들어올 때부터 이미 삼삼오오 모여 있다. 이들은 대부분 음식, 기념품, 생활용품 등을 판다. 기차가 오랜시간 머무르면 승강장으로 내려가 음식을 직접 고르면 되고, 시간이 촉박하다 싶으면 객실 창문을 열고 음식을 구입하면된다.

—— 모험을 추구하는 여행자에게만 추천

시베리아 횡단 열차에 대한 로망이 있는 한국인들을 자주만났다. 일주일 동안 기차 안에서 산, 호수, 강, 너른 대지등을 보며 인생을 돌이켜 볼 수 있는 시간을 충분히 가질 수있다는 게 이유였다.

나도 동의한다. 시베리아 횡단 열차는 분명 인생 여행이 될 수 있다. 열차가 드넓은 러시아 국토를 가로질러 가는 만큼 온갖 경치를 다 보게 된다. 끝이 보이지 않는 광활한 대지, 산마루가 구름 속에 숨어 버릴 정도로 높은 산, 세

지극히 사적인 러시아

상에서 가장 큰 호수, 사람의 흔적조차 삼켜 버릴 것 같은 수해(樹海), 드넓은 시베리아의 평원을 조용히 내달리는 거대한 강…. 여기에 더해 러시아의 구석구석을 더 가깝게 볼 수 있는 기회이기도 하다. 변경에서부터 대도시까지 온갖 곳을 지나며 지역의 음식과 기념품부터 기후와 문화까지 훑어 갈 수 있다.

하지만 시베리아 횡단 열차에 대한 로망은 금방 깨질 수 있다는 사실을 알았으면 한다. 일단 일주일 동안 비좁은 객실에 갇혀 지내는 일이 만만하지 않다. 육체적으로나 심리적으로나 소모가 크다. 시베리아 횡단 열차를 소재로 한 유튜브를 보면 대부분 아주 즐거운 시간을 보내는 것처럼 보이지만, 현실은 영상과는 전혀 다르다. 아무리 재미있는 게임이라도 일주일 동안 계속할 수는 없다. 낯선 사람들과 소통하는 것도 어느 순간 피로해진다. 창문 밖에 보이는 경치도 나흘 정도 지나면 뭐가 새로운지 인식하지 못하게 된다. 중간중간에 역에서 정차를 한다 해도 일주일 동안 몸을 제대로 움직이지 못하니 무기력해진다.

기차 시설도 생각보다 열악하다. 무엇보다도 샤워 시설과 에어컨이 없다. 겨울에는 그럭저럭 견딜 만하겠지만 여름에는 이야기가 다르다. 땀을 씻어낼 수 없어서 냄새가 나고 위생에도 문제가 생길 가능성이 높다. 몸 상태가 나빠져도 응급 처치를 받을 수 있는 시설이 없다. 건강에 문제가 있거나 몸 상태가 좋지 않은 사람은 열차 여행을 피하는 게 좋다. 최근에 객차를 교체해서 시설이 나름 개선됐다고 하지만 여전히 기차 여행의 로망을 채울 만큼은 아니다.

시베리아 횡단 열차를 타면서 의외로 간과하는 문제가 있다. 바로 시차다. 러시아의 동쪽 끝과 서쪽 끝의 시차는 11시간이다. 블라디보스토크와 모스크바는 7시간 차이다. 비행기를 타면 7시간의 시차를 한 번에 건너뛸 수 있다. 젊고 건강한 몸이면 금세 시차를 극복할 수 있다. 하지만 기차를 타고 이동하면 다르다. 조금씩 달라지는 시차가 매일 쌓

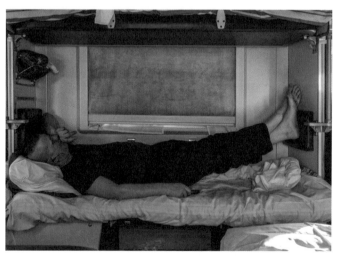

시베리아 횡단 열차 여행을 할 때 가장 큰 문제는 시차다.
ⓒ Getty Images

지극히 사적인 러시아

이고 쌓여서 생체 리듬이 많이 흔들린다. 몸이 느끼는 시간과 기차가 지나는 동네의 시간이 일치하지 않아 정신이 흐려진다. 게다가 기차에서 할 일이 딱히 없다 보니 잠을 많이 자게 되는데, 그 때문에 낮과 밤의 구분이 모호해진다. 시차로 인한 후유증이 생각보다 심해서 미리 대비하지 않으면 여행의 즐거움은 온데간데없이 사라질 수 있다. 그래서 나는 시베리아 횡단 열차에 로망을 가진 사람들에게 항상 이렇게 말한다.

"편안하게 쉬고 싶다면 집에 있는 게 낫다. 안락한 휴가를 원한다면 다른 곳을 찾아 봐라. 하지만 힘들어도 나름의 모험을 추구하는 여행자라면 꼭 경험해 보기를 바란다."

웃음에
진심을 담는
사람들

:

"러시아 사람들은 너무 무뚝뚝해. 잘 웃지를 않아."

20년 가까이 한국에 살면서 가장 많이 들은 말이다. 나는 한국인들이 왜 이런 말을 하는지 안다. 나 역시 한때 좀처럼 웃지 않는 러시아인이었으니까. 러시아에 살 때는 몰랐다. 한국에 오고 나서 한국 친구들을 비롯해 여러 나라 사람들과 어울리다가 안 사실이다. "너 표정이 왜 그래? 왜 이렇게 화가 나 있어?"라는 말을 자주 들었다. 나는 그 순간에 매우 즐겁고 행복했는데 말이다. 난감하기 이를 데 없었다. 표정 관리를 해야 한다는 것을 그때부터 깨달았다.

요새는 내가 변했다는 것을 느낀다. 러시아에 가면 절 감한다. 공항 직원이나 공공 기관, 은행, 마트에서 직원과 눈을 마주치면 살짝 미소를 짓고, 고개를 약간 숙이며, 러시아어로 이렇게 말한다. "즈드라스트부이쩨(Здравствуйте, 안녕하세요)." 그러면 나를 보는 시선이 달라진다. 이는 러시아식 인사가 아니기 때문이다. 러시아에서는 고개를 숙이는 행동이 너무 어색한 행위인데다가 인사를 할 때 웃는 것도 자연스럽지 못하다. 이제 나는 러시아에서 외국인이라는 사실을 실감한다.

'잘 웃지 않는다'는 인상은 상대적이다. 예를 들어, 미국인들이 한국에 처음 방문하면 "한국 사람들은 너무 딱딱하고 잘 웃지 않아"라고 한다. 한국인들의 서비스는 친절하지만, 미국인들에 비하면 잘 웃지 않고 다소 냉정해 보인다는 것이다. 신기하지 않나. 한국인들은 러시아인을 두고 잘 웃지 않는다고 하는데, 미국인들은 한국인이 그렇다고 한다. 그래서 미국인, 한국인, 러시아인의 웃는 빈도를 부등호로 이렇게 표현할 수 있을 것 같다. '미국인 > 한국인 > 러시아인'. 이렇게 보면 한국인들이 러시아인을 보고 스스로를 잘 웃는다고 생각하듯이, 러시아인들도 그렇다고 강력하게 주장하고 싶다. 러시아인들은 잘 웃지 않는 게 아니다. 웃는 문화가 다를 뿐이다.

—— 할리우드 미소? 그건 위선이야

러시아인들이 왜 이렇게 무뚝뚝하고 잘 안 웃느냐고 질문을 받으면, 러시아 속담을 꼭 알려 준다. '이유 없는 웃음은 정신병자의 증상이다.(Смех без причины – признак дурачины.)' 조금 과한 말 같지만 러시아 문화가 고스란히 담긴 속담이다. 러시아 사람들에게 '웃음=진심'이다. 웃음은 항상 진실한 마음에서 나와야 한다. 정당한 이유가 있다면 웃어도 되지만 별 이유 없이 웃으면 정신 나간 사람으로 본다. 웃음은 실용적인 감정 표현이다. 나의 감정을 있는 그대로 보여 주는 방법인 것이다. 마음이 불편한데도 웃으면서 말을 한다면, 그것은 거짓말을 하는 것과 같다.

　웃음이 마음의 표현이라는 생각은 사람을 대하는 태도에 고스란히 드러난다. 특히 서비스를 제공하는 자리, 예를 들어 공항 출입국 관계자, 마트 판매원, 은행 직원처럼 일하는 내내 고객과 소통하는 이들은 웃음기를 쏙 빼고 상대를 대한다. 공항 출입국 관계자라면 매우 무뚝뚝한 태도로 외국인을 대하는 이유를 이렇게 설명할 것이다. "내가 왜 외국인을 보고 웃어야 돼? 내가 아는 사람도 아닌데? 내 친구야? 내 앞에 있는 사람은 내 생애 처음이자 마지막으로 보는 사람인데, 내가 왜 이 사람에게 내 마음의 일부를 줘야 해?" 냉정하다 못해 무정하게 들릴 지경이다.

　다시 강조하자면, 여기서 중요한 것은 '웃음이 내 마음의 일부'라는 점이다. 마음은 나의 소유이고, 이를 업무에 투영할 이유가 전혀 없다. 나는 러시아에서 일을 한 적이 없어서 주변 지인들을 통해 다시 확인했는데, 러시아인들이 일할 때와 개인 시간일 때의 모습이 확연히 다른 이유는 바로 이 때문이었다.

　그러니 러시아에 가서 공항 출입국 관계자가, 마트 판매원이, 은행 직원이 웃음기 없는 표정으로 무섭게 말을 해도 겁을 먹거나 기분 나빠할 필요가 전혀 없다. 상대는 일을

러시아 선물 가게 주인의 표정이 굳어 있다고 해서 불친절하다고 생각하지 마시라.

그저 당신에게 웃을 이유가 없을 뿐이다.

하는 것뿐이다. 당신이 알지 못하는 이유로 화를 내거나 겁을 주려는 의도가 없다. 당신이 인생에서 그 사람을 중요하게 생각하지 않는 것처럼, 그 사람 역시 마찬가지다.

그래서 러시아인은 항상 웃는 미국인을 잘 이해하지 못한다. 심지어 반감을 가지고 비웃기도 한다. 언제 어디서든 누구에게나 활짝 웃는, 이른바 '할리우드 미소(Hollywood Smile)'는 대체로 어느 나라에서나 환영받지만 러시아에서는 예외다. 러시아에서 할리우드 미소는 위선의 상징이다. 나도 태생이 러시아 사람인지라 러시아인들이 왜 이렇게 생각하는지 이해한다. 웃음을 대하는 사회의 인식과 태도가 완전히 다르기 때문이다. 미국에 공부하러 갔을 때 당황스러웠던 부분 중 하나는 바로 웃음에 대한 태도였다.

미국에서는 웃음을 강요받는 느낌이었다. 항상 긍정적인 태도로 남을 대해야 한다는 강박이 느껴졌다. 아무리 힘들고 아파도 웃어야 한다. 그때 내가 받은 느낌은 이랬다. '나와 만났으면 일단 웃어라. 네 안의 실제 감정은 알고 싶지 않다. 그것이 예의다.' 물론 미국 사람들은 내 주장에 절대 동의하지 않을 것이다. 미국인에게 웃음은 사회생활을 하는 데 기본이라는 생각이 들었다. 자신이 어떤 감정이든 무조건 웃는 것처럼 보였다. 그래서 러시아인들은 미국인들의 웃음을 위선이라고 느끼는 거다. 한편 러시아인이 볼 때 한국 사람은 감정을 읽기 어렵다. 솔직한 감정을 잘 드러내지 않아 당황스럽다.

자신의 감정에 솔직해야 한다고 생각하는 러시아인이 무뚝뚝해 보이는 데에는 역사적 배경이 있다. 20세기 러시아의 역사는 고난과 공포 그 자체였다. 1917년 볼셰비키 혁명 이후 러시아 전역은 최악의 내전 상태에 빠졌다. 1930년대에는 스탈린의 대숙청으로 수백만 명의 사람들이 흔적도 없이 사라지거나 탄압을 받았다. 칼끝이 목덜미를 간지럽히는 공포가 일상이 됐다. 1940년대에는 제2차 세계대전을 겪으며 무려 3,000만 명이 희생됐다. 1960년대에는 냉전이 절정에 달했고 경제 위기로 인한 생필품 부족으로 인해 사회 분위기가 푹 가라앉았다. 1980년대의 개혁(페레스트로이카)과 개방(글라스노스트) 정책은 혼란과 빈곤을 불러왔고, 소련은 무너져 버렸다. 1990년대에 러시아가 처음으로 경험한 민주주의는 혼돈 그 자체였다. 러시아의 정치와 경제, 사회가 어느 정도 안정화되고 여유를 찾을 수 있게 된 때는 2000년대 이후다. 간단히 살펴봐도 러시아의 역사는 양강 체제의 일원이었다는 허울 좋은 한 조각의 영광 말고는 모조리 고난으로 점철되어 있다. 아무리 봐도 웃을 일이 없었다.

소련의 권위주의 정권은 러시아인의 얼굴에서 웃음을 날려 버리는 데 결정적인 역할을 했다. 그 시절에는 웃는 얼굴을 곱지 않게 봤다. '웃어? 뭐가 그리 행복하지? 나라가 이렇게 어려운데.' 이런 분위기에서 혼자 싱글벙글하고 있으면 의심을 받을 수밖에 없었다. '좋은 일이 있을 리 없는데 왜 웃는 거지? 혹시…?' 이런 어처구니없는 우려가 현실이 되어 한밤중에 KGB(카게베)가 우리 집 문을 두드릴 수도 있었다. 해서는 안 될 말도 많고, 읽어서는 안 될 책도 생겨났다. 정치범 수용소를 다룬 알렉산드르 솔제니친의 논픽션《수용소 군도》같은 책은 금서의 대명사였다. 저녁에 집에 가면 문을 걸어 잠그고 가족들과 숨죽여 웃으며 서로 응원하며 지냈지만, 다음 날 회사에 출근하면 얼굴에 잿빛 가면을 써야 했다. 이런 분위기에서 태어나고 자란 현재 50대 이상의 러시아인들은 타인 앞에서 웃음을 보이는 걸 몹시 꺼린다. 러시아 사람들은 북한에서 남한으로 넘어온 새터민을 바로 구분할 수 있다. 태도나 표정, 몸짓에서 비롯되는 분위기가 러시아 사람들과 아주 비슷하기 때문이다.

하지만 조만간 러시아인들이 웃는 모습을 보게 될지도 모른다. 소련이 아닌 러시아에서 나고 자란 현재 10~20대들은 어두운 시대를 헤쳐 온 세대들과는 다르다. 영혼이 맑고, 창조적이며, 활동적이다. 웃는 데에도 거리낌이 없다. 그러니 '웃지 않는 러시아인'이라는 이미지는 이제 몇 년 후에는 옛말이 될지도 모른다.

한국에서 '개그 콘서트'를 처음 봤을 때가 생각난다. 어느 코미디언이 이상한 의상을 입고 얼굴에 알록달록한 분장을 한 채 무대에서 특정 동물을 흉내 내고 있었다. 당황스러웠다. 한국 문화에 적응해야 한다고 생각하면서 억지로 시청했지만, 웃음 포인트가 어디인지 도무지 감을 잡을 수 없었다. 당시에는 10년 후 내가 '개그 콘서트'의 열렬한 팬이 될 것이라고는 꿈도 꾸지 못했다.

러시아 코미디에서는 몸 개그를 거의 찾아볼 수가 없다. 몸 개그가 웃기지 않아서다. 이건 나만의 취향이 아니다. 러시아인들이라면 누구나 똑같은 대답을 할 것이다. 러시아인들은 말로 웃기는 것을 훨씬 더 좋아한다. 러시아의 코미디 영화, 방송의 코미디 프로그램을 보면 대부분 말로 웃음을 전달한다. 몸 개그가 많은 미국 영화를 보고 러시아인들이 저질이라고 손가락질하는 이유다.

러시아 방송에서도 한국의 '개그 콘서트'와 같은 레전드 예능 프로그램이 있다. 러시아어로 'KBH(케베엔)'이라고 불리는 코미디 프로그램이다. 1961년에 처음 방영된 이래 지금까지 계속되고 있다. 러시아 방송 역사에서 한 획을 그은 프로그램이다. 60년이 넘는 기간 동안 수많은 개편이 있었지만, 이름과 포맷이 거의 바뀌지 않았다.

케베엔은 1년 동안 서바이벌 쇼를 진행한다. 누구나 팀을 만들어 참여할 수 있는데, 각 팀들은 예선전을 거쳐서 16강전, 8강전, 4강전 등의 토너먼트를 치른 후, 결승전에서 그해 우승자를 가린다. 이듬해에는 이 과정이 다시 처음부터 진행된다. 각 팀은 주어진 시간 안에 방청객과 심사 위원을 웃겨야 한다. 심사 위원들은 점수를 매기고, 합산 점수가 팀의 운명을 결정한다. 심사 위원은 주로 유명 배우, 가수 등 연예인들이 맡는데, 2000년대 중반에는 푸틴 대통령도 참석한 적이 있다.

이 프로그램의 레전드 편을 살펴보면 러시아 사람들이 가장 좋아하는 유머 코드를 대략 알 수 있다. 주로 스탠드업 코미디 형식으로 정치·사회를 풍자하거나 남녀 관계 속 상황을 재현한다. 몸 개그나, 신체의 생리 현상을 두고 농담하는 것은 최대한 피한다. 특히 러시아 사람들은 대소변 같은 생리 현상을 소재로 삼는 화장실 유머를 아주 싫어한다. 이를 간접적으로 확인할 수 있는 사례가 있다. 한국에 관광을 온 러시아 사람들이 당혹스러워하는 것 중 하나가 화장실이다. 가이드가 "화장실 다녀오세요"라고 하면 부끄러워서 어쩔 줄 몰라 한다. 단체로 화장실에 간다는 걸 상상조차 하기 싫어서다. 친한 사람과는 연봉부터 성관계까지 온갖 이야기를 다 공유할 수 있지만, 생리 현상을 남들과 같이 해결하는 건 정말 수치스럽게 생각한다. 그래서 미국식 유머를 좋아하지 않는다. 코미디언이 이런 유머를 구사하면 방청객 대부분이 싸늘하게 반응한다. 러시아 사람들이 극도로 싫어하는 유형이기 때문에 방송에서는 거의 못 본다고 봐야 한다.

2005년부터 한 케이블 방송에서 시작된 '코미디 클럽(Comedy Club)'이라는 프로그램에서도 이를 확인할 수 있다. 코미디 클럽은 케베엔보다 코미디 형식이 자유롭고, 신선한 코너가 많다. 기존의 방송에서 나오기 어려운 은어와 욕, 그리고 성적인 뉘앙스의 이야기를 위트 있게 사용해 젊은 시청자들의 마음을 사로잡고 있는 코미디 프로그램이다. 코미디 클럽은 유명 가수나 배우를 스튜디오에 등장시켜 도발적이고 자극적인 질문을 던져 웃음을 유발하기도 하지만, 한편으로는 2000년대에 들어서서 거의 메마르기 시작한 정치를 소재로 한 유머를 보여 준다. 1990년대까지는 케베엔에서도 정치 풍자를 했지만 프로그램이 오래되고 우리 부모님 세대가 주 시청자인 이유로 상대적으로 점잖아졌다. 그래서 정치인을 공개적으로 비판하거나 야유해서 웃음거리로 만드는 코미디 클럽은 나를 포함(!)한 젊은 세대가 많이 좋아하고 애청한다. 수위로 따지자면 케베엔은 개그 콘서트보다 무난하고, 코미디 클럽은 SNL보다 더하다고 볼 수 있다. 코미디 클럽이 정치인을 어떻게 풍자하는지는 2016년 4월에 방영된 내용을 보면 알 수 있다.

푸틴이 자기 초등학교 동창과 만났다. 둘이 한참 이야기를

러시아의 젊은 세대가 사랑하는
코미디 프로그램 코미디 클럽.

하다가 동창이 푸틴에게 물었다.

"내 아이폰에 재미있는 앱이 있어. 볼래?"

푸틴이 보겠다고 하자, 동창이 푸틴에게 자기 아이폰을 주며 이렇게 말했다.

"잠깐만 지문으로 풀어 줄게."

그러자 푸틴이 이렇게 대답했다.

"왜? 네 아이폰은 다른 제품이야?"

러시아에서는 푸틴의 지문으로 모든 아이폰을 풀 수 있다는 말이다. 정부가 마음만 먹으면 개인 정보를 다 들여다볼 수 있는 현실에 대한 풍자다.

러시아인들의 여러 유머 코드 중 내가 꼭 이야기하고 싶은 게 또 있다. 바로 '자기비판(self-criticism) 유머', 즉 일종의 자학 개그다. 한국에서는 보기 어려운 유머 장르다. 러시아에서는 국민 연예인급 사랑을 받는 스탠드업 코미디언이 아주 많은데, 이들은 정치 및 사회 풍자 코미디를 구사하면서도, 자기비판 유머를 기발하게 선보인다. 스탠드업 코미디언들의 자기비판 대상은 러시아와 러시아 문화, 러시아 사람들이다. 러시아보다 더 잘살고, 더 발전된 선진국이나 그 국민들과 비교한다. 그러면서 러시아는 독특한 문화를 가지고 있으니 어쩔 수 없다고 결론짓는다. '우리는 그 정도 수준은 아니지만 나름 괜찮다'라고 애써 자위한다고나 할까. 물론 위트 넘치게!

'미국인과 러시아인이 해외 호텔에서 투숙할 때'

- 미국인: "구두닦이 서비스를 받으려고 신발을 문밖 복도에 뒀는데, 아침에 일어나 보니까 신발이 사라졌어!"
- 러시아인: "어떤 멍청이가 새 신발을 복도에서 버렸더라고. 당연히 가져왔지."

- 미국인: "이 호텔 왜 이래? 텔레비전에 현지 방송만 나와!"
- 러시아인: "오, 객실에 텔레비전도 있네?"

지극히 사적인 러시아

- 미국인: "여기 왜 이래? 벨보이가 우리 짐을 들어 줄 때까지 한 시간이나 기다렸어!"
- 러시아인: "여기 왜 이래? 도둑놈처럼 보이는 애가 내 짐을 가져갔어!"

- 미국인: "이 호텔은 최악이야! 수영장 물이 너무 차가워서 얼어 죽는 줄 알았어!"
- 러시아인: "오, 수영장 물 시원한데? 술이 다 깼어."

　자기비판이라는 측면에서 의외로 러시아와 영국과 통하는 면이 있는 것 같다. 정서적으로 보자면, 앞서 언급한 영국을 비롯해 독일, 중국, 북한과 통하는 면이 있다. 물론 이는 전적으로 내 경험에 따른 판단이다. 다른 나라 사람들은 아마 다르게 생각할 수도 있겠다. 다만 영국과는 유머 코드가 맞는 것 같다. 적어도 미국보다는 훨씬 가깝다고 느낀다. 넷플릭스의 드라마 '블랙 미러'는 영국산이 미국산보다 훨씬 재미있다.

　여기서 오해하지 말아야 할 게 있다. 러시아 사람들은 이방인이 러시아를 비판하면 가만두지 않는다. 외국인이 러시아를 비판하기 시작하면 곧바로 매우 방어적인 태세를 보인다. 다른 나라 사람들도 마찬가지겠지만, 모국이 욕을 먹으면 러시아인들이 특히 더 예민한 것 같다. 이런 러시아인의 성향을 잘 잡아낸 알렉산드르 푸시킨의 명언이 있다.
"물론 나는 내 조국을 A부터 Z까지 경시하지만, 외국인이
이런 나의 감정을 나랑 공유하면 매우 불쾌하다."

—— 러시아의 일상 유머, '아네크도트'

이방인이 러시아 사람들이 모인 파티에 가면 놀라는 게 있
다. 태어나서 얼굴 근육을 한 번도 움직여 본 적이 없을 것
같은 러시아인들이 서로에게 '아네크도트(Анекдоты, 작은 일화
또는 작은 에피소드)'를 말하면서 깔깔대고 논다는 것이다. 친
구와 놀 때, 가족과 함께할 때, 직장인들이 본격적으로 업무
를 시작하기 전이나 점심에 여유 시간을 가질 때 재미있는
이야기로 서로를 웃긴다. 대부분 간단한 줄거리로 구성되
는데, 마지막 문장이나 마지막 단어에 예측 불허의 반전을
배치해 웃음을 유발한다. 예를 들면 이런 식이다.

장모가 사위를 불러 이야기했다.
"사랑하는 우리 사위! 나중에 내가 죽으면 어떤 방법을 쓰
든지 크렘린 궁 안에 있는, 러시아 대통령이 묻힌 유명한 묘
지에 묻히게 해 주게!"
사위는 장모님의 말을 듣자마자 곧바로 집을 나왔다. 하루
가 지나고 이틀이 지나도 모습을 보이지 않더니 사흘째가

되자 모습을 드러냈다. 사위는 그동안 샤워를 한 번도 하지 않은 듯 꾀죄죄한 몰골이었다. 턱수염이 많이 자랐고, 잠을 못 잔 듯 눈이 충혈돼 있었다. 사위는 손과 다리를 부들부들 떨며 힘없는 목소리로 말했다.

"사랑하는 우리 장모님! 장모님 자리를 마련해 놨어요. 이번 주 토요일까지 누우시면 돼요!"

아네크도트에서 자주 등장하는 주제 중 하나는 위의 예시처럼 장모와 사위의 관계다. 러시아에서는 장모와 사위의 관계가 좋지 않기 때문이다. 마치 한국의 시어머니와 며느리의 관계를 장모와 사위로 바꿔 놓은 것 같다. 아네크도트에서는 소중한 딸을 시집을 보내고 난 후, 사위가 딸에게 잘 대해 주는지 궁금한 장모의 마음이 웃음 포인트다. 그래서 장모가 항상 잔소리가 많고, 사위를 쉴 새 없이 꾸짖고 못 살게 군다. 사위는 항상 당하는 입장이지만 위트 있는 말로 듣는 사람의 공감을 얻는다. 전통적으로 러시아 가정은 여자의 힘이 가장 센 까닭에 이런 상황이 웃길 수밖에 없고, 일상에서 매우 공감(!)하는 내용이기도 해서 '장모-사위'를 소재로 한 아네크도트가 인기 만점이다.

러시아 사람들이 아네크도트를 워낙 좋아해서 아예 국민 주인공마저 생겼다. 가장 대표적인 아네크도트 캐릭터는 소년 '보보취카(Вовочка)', 러시아 스파이 '쉬티를리츠

1973년 소련 TV에서 방영된 드라마
'봄날 열일곱 번의 순간(Seventeen Moments of Spring)'에서
나치 독일로 파견된 소련 스파이 쉬티를리츠.
주인공의 실제 이름은 뱌체슬라프 티호노프(Вячеслáв Тѝхонов).

(Штирлиц)' 등이다. 보보춰카는 학생인데, 항상 선생님과 말다툼을 벌여 재치 있게 이기는 캐릭터다. 쉬티를리츠는 나치 독일 시절에 활동했던 소련 스파이의 실제 이름인데, 당시를 배경으로 촬영한 영화에서 나오는 캐릭터다. 똑똑하고 날카롭고 애국심이 넘친다. 매번 말도 안 되는 상황에 빠져 허우적대지만 웃기는 방법으로 상황을 벗어난다.

사실 아녜크도트 문화는 러시아 말고도 다른 나라에서도 엿볼 수 있다. 원래 고대 그리스에서 시작된 구술 문학인데 시간이 흐르면서 나라마다, 또는 세대마다 그 성격이 바뀌었다. 러시아에서 언제 처음 생겼는지는 알 수 없다. 구술로 전승되다 보니 정확한 역사 기록을 찾아보기 힘들다. 다만 중세 때 기록물을 보면 아녜크도트에 대한 이야기가 나온다.

현재 내가 알고 있는 러시아의 아녜크도트 형식은 소련 시절에 본격적으로 형성됐다고 한다. 표현의 자유를 억압하던 그 시절, 정부를 공개적으로 비판하거나 사회 문제를 공론화할 수 없게 되자 사람들은 정부의 감시를 우회할 수 있는 방법을 찾아냈는데, 그게 아녜크도트였다. 사람을 동물로 빗대 짧고 웃기는 일화로 말하는 식이었다. 그래서 소련 시절 아녜크도트를 들으면, 유독 동물이 주인공인 비유나 풍자 작품이 많다.

아녜크도트는 러시아 사회에서 중요한 역할을 한다.

러시아 문화에 깊이 박혀 있어서 인간관계에 영향을 미친다. 러시아에서는 아네크도트를 말하는 방법도 기술로 여긴다. 평소와는 다른 톤으로 목소리를 낸다거나, 배우가 연기하듯이 말하는 사람들은 사회성이 좋다는 평가를 받는다. 당연히 아네크도트를 많이 알고 잘하는 남자는 여자들에게 인기가 많다. 친구들 사이에서도 분위기 메이커로 사랑을 받는다. 직장에서도 마찬가지다. 상사도 아네크도트를 잘하는 부하 직원을 예뻐한다. 사무실의 딱딱한 분위기를 한꺼번에 웃음바다로 만들 정도라면 스타가 따로 없다.

PART II.

붉은 제국,
그 이후

기억 속에만
남은
사회주의 국가 소련

:

한국인들 중에는 러시아가 지금도 사회주의 국가라고 오해하는 이들이 있다. 사실 많이 놀랍다. '소련'을 기억하는 기성세대는 그럴 수 있다고 생각하지만, 젊은 세대가 이런 말을 하면 상당히 당황스럽다. 한편으로는 이해한다. 우리나라에서는 러시아에 대한 관심과 정보가 워낙 부족하고, 가끔 나오는 뉴스는 정보가 왜곡되어 있거나, 대놓고 가짜 뉴스를 전달하니 말이다.

소련과 러시아는 전혀 다른 나라다. 러시아가 한때 소비에트 연방의 일원이었고, 소련 시절 수도와 현재 러시아의 수도가 똑같이 모스크바이다 보니 같은 나라라고 오해할 수 있지만, 같은 위치에 자리 잡은 나라라고 해서 동일한 국가라고 할 수는 없다. 500년 전 조선과 현재 대한민국이 자리한 곳은 한반도이지만, 둘이 같은 나라가 아닌 것과 마찬가지다. 물론 러시아가 소련을 계승한 것은 맞다. 그러나 정체(政體)는 완전히 다르다. 동유럽의 체코나 폴란드 같은 나라들을 지금도 사회주의 국가로 보는 사람은 없다. 러시아도 마찬가지다.

소련은 공산주의를 추구하는 사회주의 국가였다. 모든

재산은 국가가 소유하고, 시장의 자유를 허락하지 않았다. 다른 한편으로는 전체주의 국가이기도 했다. 모든 권력이 하나의 정치 세력에게 몰려 있었다. 삼권분립(三權分立)은 없었다. 표현의 자유나 종교의 자유 같은 기본 권리 역시 보장되지 않았다.

지금의 러시아는 자본주의 국가다. 사유 재산을 바탕으로 시장에서 자유롭게 재화를 거래한다. 그리고 다른 사람들이 생각하는 것보다는 국민의 자유가 보장된 나라다. 체제를 놓고 보면 서방 국가들과 큰 차이점이 보이지 않는다. 물론 세세하게 들여다보면 차이가 드러난다. 경제적으로는 서유럽이나 미국보다 생활 수준이 낮다. 법치에 대한 개념이 약해 보이기도 한다. 정치적으로도 민주주의 국가로 보기 어려운 부분이 많다. 하지만 소련하고는 비교 대상이 되지 않는다.

—— 내가 조합해 낸 소련에 대한 기억

'사회주의 시절을 기억하냐'는 질문도 많이 받았다. '빨갱이 국가'에서 살아 봤던 기억이 있느냐는 말인데, 솔직히 말하면 그런 질문을 받을 때마다 당황스럽다. 유치원 시절을 기억하냐고 묻는 것과 마찬가지라서다. 한국의 1970년대생들에게 '박정희 시절을 기억하냐'고 묻는 것과 똑같다.

지극히 사적인 러시아

내가 그 시절에 대해 알 수 있는 방법은 세 가지다. 어렴풋한 기억을 더듬어 보는 것, 다른 한국인들처럼 소련 시절에 대한 책을 읽고 다큐멘터리 영화를 보며 역사를 공부하는 것, 그리고 우리 부모님에게 여쭤 보는 것이다. 1980년대에 우리 부모님은 한창 경제 활동을 하던 30대였다. 이 세 가지 방법으로 소련이 어떤 나라였는지 회상해 보면 이렇다.

내가 태어난 1982년은, 1964년부터 18년 동안 소련 공산당 주석으로 재임했던 레오니트 브레즈네프(Леонид Брежнев, 1906~1982)가 사망하고, 유리 안드로포프(Юрий Андропов, 1914~1984)가 주석이 되던 해였다. 역사학자들은 이즈음부터 소련이 망하기 시작했다고 평가한다. 공식적으로 소련이 사라진 해는 1991년이지만, 1980년대 중반부터 이미 죽어 있는 상태였다. 환자가 사망한 후 의사가 사망 진단을 하는 것처럼, 1991년에는 러시아·벨라루스·우크라이나 지도자들이 모여서 소련에 사망 선고를 내린 것뿐이었다. 실질적인 몰락은 소련의 첫 번째이자 마지막 대통령인 미하일 고르바초프가 1987년에 '페레스트로이카(개혁)'를 선언하면서부터였다. 엄마가 나를 유치원에 보내기 1년 전이었다.

소련 초등학생들은 '피오네르(пионер)'라는 단체에 가입해야 했다. 영어의 '개척자(pioneer)'에서 이름을 따온 이 단체

1978년 소련 공산당의 가르침대로 살아갈 것을 맹세하는 모스크바
피오녜르 학생들. 나는 이를 경험하지 못한 세대다.
ⓒ Universal History Archive/Getty Images

는 소련판 보이 스카우트였다. 가입은 의무였다. 피오네르에 들어갔다고 해서 특별한 활동을 하는 것은 아니었다. 다만 사회주의 국가인 소련에서 피오네르 가입은 공산당 입당을 앞두고 밟는 상징적인 절차라는 의미가 있었다.

피오네르 입단식은 학교에서 화려하게 진행됐다. 부모님들도 모두 참석한 자리에서 교장은 "소련의 밝은 미래인 우리 아이들", "나라의 아름다운 기둥인 우리 아이들" 같은 감언이설이 섞인 프로파간다를 잔뜩 늘어놓았다. 그러고는 아이들에게 피오네르의 상징인 빨간 스카프를 나눠 줬다. 아이들이 성인이 되면 사회주의 사회의 중요한 일원이 될 것이라는 의미였다. 등교할 때는 빨간 스카프를 매야 했는데, 아이들에게는 자랑스러운 패션 포인트였다. 소련뿐만 아니라 동유럽이나 북한 같은 사회주의 국가에도 공통적으로 존재했던 문화다.

하지만 1982년생인 나를 비롯한 또래 친구들은 소련 역사상 처음으로 피오네르에 가입하지 못한 세대가 됐다. 우리가 입단식을 치러야 할 해에 소련이 무너지면서 피오네르가 해산되어 버린 것이다. 한 살 위였던 1981년생 선배들은 모두 피오네르에 가입했지만, 우리는 아니었다. 당시에는 피오네르에 가입하지 못한 게 어떤 의미인지 전혀 알지 못했다. 지금 돌이켜 보면, 바로 나부터 새로운 러시아를 살게 된 세대라고 해도 과언이 아니었다.

세상은 확실히 변했다. 우리 학년부터 학교 수업 내용이 바뀌기 시작했다. 소련 시절의 학교에서는 초등학교 때부터 공산주의 입문과 철학, 레닌 및 스탈린의 명언, 공산당회의 기록 같은 이데올로기 관련 수업이 필수 과목이었다. 하지만 우리 때부터는 70년간의 소련 역사를 비판적으로 바라보는 수업으로 확 바뀌었다. 바로 직전 해까지 언급 자체가 금기였던 소련의 만행, 스탈린에 대한 비판, 공산주의의 실패 원인을 배웠다. 예를 들어, 1930년대 스탈린의 대숙청과 탄압 정책, 정치범 수용소 운영, 스탈린과 히틀러가 야합한 독소 불가침 조약 같은 것들을 배우기 시작했다. 소련의 치부가 교과서에 실리기 시작했다.

── 불시착 같은 자본주의로의 이행

소련에서 러시아로 국가명뿐만 아니라 체제까지 바뀐 1990년대는 자유와 혼돈의 시대였다. 사람들은 여태까지 누려 보지 못한 자유를 만끽했다. 신문과 방송의 검열이 사라져 누구나 하고 싶은 말을 할 수 있었다. 이동의 자유가 허락되어 소련 시절에는 거의 다른 나라 취급을 받을 정도로 잘사는 곳이었던 모스크바로 사람들이 몰려들었다. 정부 기관의 통제 없이 개인 사업도 시작할 수 있었다. 현재 러시아의 유명 대기업들은 대부분 1990년대에 만들어졌다. 국경 통제

지극히 사적인 러시아

가 사라져 외국 제품의 수입이 허락됐고, 금지됐던 물건을 동네 마트에서도 구입할 수 있게 됐다.

1990년대는 야생 자본주의 시대이기도 했다. 러시아 국민들은 어느 날 갑자기 무엇인지도 몰랐던 시장 경제를 접했다. 시발점은 화폐가 바뀌는 것이었다. 당시 엄마는 우체국에서 근무했다. 우체국은 공기업이라 중앙 정부의 명령에 따라 움직인다. 소련이 공식적으로 해체된 바로 다음 날 아침에 명령서가 내려 왔다. 이제 소련 화폐는 사용할 수 없고, 오늘 밤 12시부터 새롭게 발행한 러시아 루블만 사용해야 한다고 말이다. 그러고는 새벽에 새로 찍은 화폐를 각 도시의 우체국에 배달했다. 방송에서는 소련 화폐를 가지고 우체국으로 가면 새 화폐로 환전해 주겠다고 알렸다. 당황한 시민들은 좀비 영화의 한 장면처럼 우체국으로 몰려들었다. 1억 4,000만 명이 한꺼번에 도시마다 몇 군데 있지도 않은 우체국으로 몰려가는 그림을 상상해 보라. 말 그대로 지옥이었다. 러시아 우체국 직원은 대부분 여성들이다. 건장한 남성들이 빨리 환전해 주지 않는다며 분노에 휩싸여서 삽을 들어 유리창을 깨고 고함을 질러댔다. 단순히 사람이 갑자기 몰려서 혼란이 생긴 것만은 아니었다. 조폐창에서 우체국까지 배송할 트럭이 턱없이 부족했고, 운전할 사람도 많지 않았다. 전 국민이 일시에 모든 돈을 환전할 시설과 시스템도 없었다. 당시에 죽은 이들이 누구인지 아무

소련이 해체된 직후인 1992년 모스크바 시장의 풍경.
ⓒRoger JOB/Getty Images

도 기록하지 않았다. 너무 많아서였다.

식료품도 턱없이 부족했다. 정부가 바뀌어서 관리 주체가 불분명해지자 제품의 생산 및 공급 과정이 완전히 무너졌다. 돈이 있어도 아무것도 살 수 없었다. 당시 러시아에는 러시아산 식료품이 하나도 없었다. 우유, 초콜릿, 통조림, 과자, 밀가루, 고기 등은 모두 외국산이었다. 러시아에서 생산하는 야채와 과일 정도만 암시장에서 구할 수 있었다.

식료품을 제공받을 곳은 해외밖에 없었다. 미국은 러시아의 생명 줄이었다. 당시 러시아에서는 '부시의 다리'라는 표현이 유행했다. 미국에서 수입되는 닭다리를 일컫는 말이었다. 미국산 닭다리는 당시 러시아에서 구할 수 있는 유일한 고기였다. 이 닭다리는 누구나 구할 수 있는 물건이 아니었다. 동사무소에서 식권을 받은 사람만이 정해진 시간과 장소에서 배급받을 수 있었다. 사람은 많고 고기는 적다 보니 며칠 동안 줄을 서야 하는 경우가 허다했다. 내 기억에는 없지만, 엄마 말씀으로는 어린 나를 데리고 줄을 서야 했다고 한다. 두 명이 줄을 서야 2인분(닭다리 4개)을 받을 수 있었기 때문이다.

가물가물하지만 또렷하게 나쁜 기억으로 남아 있는 게 있다. 아빠는 직업 군인이셨는데, 퇴직하면서 퇴직금을 받았다. 아빠와 엄마, 나는 블라디보스토크에서 가장 큰 전자제품 마트에 가서 처음으로 일본제 카세트테이프리코더를 구매했다. 우리 가족의 첫 미국식 소비였다. 나는 정해진 라디오 방송 시간에서 벗어나, 내 마음대로 카세트만 넣으면 좋아하는 음악을 들을 수 있어서 무척 행복했다. 부모님은 돈만 있으면 마트에 가서 원하는 제품을 구입할 수 있는 시대가 온 것을 무척 신기해하셨다. 문제는 우리 가족이 당시 돈의 가치를 잘 몰랐다는 것이다. 우리는 카세트테이프리코더 구입에 아빠 퇴직금의 80퍼센트를 날려 버리고 말았다. 마트에 장을 보러 갈 때, 1루블 차이도 세심하게 살피셨던 우리 엄마가 왜 그런 과소비를 했는지 아직도 궁금하다. 두 분도 처음으로 자본주의를 경험해서 그런 게 아닌가 싶기도 하다.

사회주의에서 자본주의로의 체제 이행은 불시착하는 비행기 같았다. 1990년대는 내가 중학교와 고등학교를 다녔던 시절이라 어느 정도 기억이 난다. 당시 나는 러시아 사회의 혼란, 무질서, 높은 범죄율, 극도로 부족한 식료품, 급여 체불, 연이어 터지는 파업 등을 아주 자연스럽게 받아들이고 있었다. 지금 내가 있는 자리에서 돌이켜 보면, 그때가 새로 태어난 러시아 역사상 가장 어려운 시기였던 것 같다. 무능한 정부, 각자도생(各自圖生)할 수밖에 없는 일반 시민들, 체첸 전쟁으로 터진 민족 갈등. 결코 살기 좋은 시기가 아니었다.

한때 미국과 겨루던 강대국은 하루아침에 나락으로 떨

어졌다. 경제 규모는 4분의 1, 국민 소득은 3분의 1 이하로 쪼그라들었다. 산업과 생산은 거의 박살났다고 해도 무방할 정도였다. 소련이 사람들의 피를 대가로 70년 동안 쌓아온 것들이 일시에 사라졌다. 어디를 봐도 문제투성이였다. 어느 누구도 무엇부터 챙겨야 할지 몰랐다.

그렇다면 현재의 러시아는 어떨까? 지금은 유럽 국가와 별 차이가 없는 자본주의 국가다. 경제 지표만 보면 동유럽이나 주요 아시아 국가, 남미 국가와 비슷하거나 우월한 수준이다. 대도시 밖에 있는 지방 주민의 생활 수준은 부유한 유럽 국가보다 떨어지지만, 수도인 모스크바나 제2의 도시인 상트페테르부르크 주민들은 런던과 파리, 베를린 주민과 비슷한 생활 수준을 누리고 있다. 극히 개인적인 의견이지만 파리보다 모스크바가 훨씬 깨끗하며, 잘 꾸며져 있고, 인프라가 배로 잘된 도시라고 생각한다.

사회주의의 상징이었던 계획 경제는 이제 역사 속 기록에만 남아 있다. 무료 교육, 무료 의료 서비스 등과 같은 사회주의의 주요 정책도 사라진 지 오래다. 러시아 국민들도 한국과 똑같이 자본주의적인 혜택을 자유롭게 누리고 있다. 사유 재산이 존재하고, 부동산을 사고팔 수 있다. 개인 사업도 당연히 가능하다. 해외여행에도 아무런 지장이 없다. 사회주의의 기억은 기성세대의 머릿속에만 남은 역사의 흔적일 뿐이다.

러시아 안의 다른 나라,
모스크바

모스크바는 소련 시절부터 특별한 취급을 받았다. 모든 특혜와 인프라가 모스크바에 집중되었고 지금도 마찬가지다. 그래서 러시아인들은 모스크바를 러시아의 일부로 생각하지 않는 경향이 있다. 모스크바 사람들은 이런 말로 모스크바를 표현하기도 한다. "모스크바의 가장 큰 문제는 러시아에 둘러싸여 있다는 것이다."

모스크바는 러시아의 수도라기보다는 미국 대도시와 비슷하다. 러시아의 다른 지역과의 격차는 말로 표현하기 힘들 정도다. 한국에서 이야기하는 서울과 지방의 격차는 모스크바와 다른 도시 간의 격차에 비하면 거의 없는 것과 마찬가지다. 그래서 모스크바 사람들은 "모스크바 밖에도 삶이 존재하는 거야?"라는 농담을 하기도 한다.

한국에서는 모스크바도 러시아의 일부이므로 상당 부분 낙후되어 있을 거라고 생각한다. 큰 착각이다. 모스크바는 한국

모스크바는 러시아가 아니라 마치 미국 대도시 같다. ⓒGetty Images

에서 생각하는 모든 인프라가 더 잘 갖추어진 도시다. 배달도 잘되고 인터넷도 당연히 잘된다. 2018년에 모스크바의 한 마트에서 신용 카드를 꺼내자 주변 사람들의 눈총이 쏟아졌다. '모두 스마트폰으로 결제하는데 아직도 신용카드를 쓰는 사람이 있네?' 하는 눈빛이었다.

하지만 모스크바를 벗어나면 다른 세상이 펼쳐진다. 신용 카드는 못 쓰는 게 정상이고 인터넷에 접속하기도 어렵다. 2G 폰을 쓰는 지역도 많다. 모스크바와 그 밖의 러시아 사이에는 몇 십 년의 격차가 있다고 보면 된다. 이런 이유로 러시아에서는 모스크바를 아예 다른 나라처럼 취급한다.

자유를 혐오하는
러시아식
민주주의

:

2021년 러시아 최대 설문 조사 기관인 레바다 센터(Levada Center)에서 전 국민을 대상으로 설문 조사를 실시했다. 그중 "소련 해체를 후회합니까"라는 질문이 있었는데, 놀라운 결과가 나왔다. 러시아 국민의 63퍼센트가 "소련 해체를 후회한다"고 대답했다. 사회주의의 폐해를 조금이나마 겪어 봤던 나로서는 이해하기 어려운 결과였다. 표현의 자유를 억누르고 인간의 기본 권리를 박탈했던 소련을 어떻게 긍정적으로 평가할 수 있을까. 러시아 밖의 사람들이 보면 소련이 긍정적인 평가를 받도록 의도적으로 문항을 설계했거나, 아예 조사 자체를 조작했다는 의심을 하기에 충분한 결과였다.

—— 고르바초프가 위인이라고?

한국에 온 뒤로 가끔 혈압이 오르는 일이 있다. 이마에 지도가 그려진 사람, 미하일 고르바초프가 화제에 오를 때다. 한국에 와 보니 고르바초프는 유명인이었다. 한국인이 알고 있는 러시아인 10명을 대보라고 하면 고르바초프를 언

급할 확률이 10명을 다 못 채울 확률보다 높았다. 더욱 이해가 안 되는 점은 고르바초프가 소련을 해체하고 평화를 가져온 인물처럼 인식되고 있다는 점이었다. 고르바초프는 1990년에 노벨 평화상을 수상했다. 1991년에는 소련이 해체됐다. 그래서인지 고르바초프는 냉전을 종식시키는 데 지대한 공헌을 한 러시아인으로 여겨지는 듯했다. 이런 평가는 유럽이나 미국의 시각과 크게 다르지 않다. 하지만 러시아인 입장에서 봤을 때는 역사 왜곡 그 자체다. 이완용을

지극히 사적인 러시아

소련의 마지막 최고 지도자 미하일 고르바조프(오른쪽)와
그의 아내 라이사 고르바체바(왼쪽). ⓒ The Asahi Shimbun/Getty Images

독립투사로 묘사하는 것과 다르지 않다.

고르바초프는 유리 안드로포프(1914~1984)와 콘스탄틴
체르넨코(1911~1985)의 뒤를 이어 54세의 나이에 최고 지도
자가 됐다. 왜 두 사람의 뒤를 이었다고 표현했냐면, 안드
로포프와 체르넨코는 최고 지도자가 된 지 1년 남짓이 지난
후에 모두 노환으로 사망했기 때문이다. 소련은 1983년 6월
16일부터 1985년 3월 11일까지 세 명의 지도자를 맞이해야
했다. 어수선한 분위기에서 갑자기 역대 최연소 공산당 서

기장이 된 고르바초프는 무능한 지도자였다. 모스크바대학교 출신의 엘리트였지만 너무 멍청하다는 말을 들었다. 진짜 실세는 그의 부인 라이사 고르바체바(Раиса Максимовна Горбачёва, 1932~1999)라는 말도 돌았다. 언론에서는 '1인자' 라이사의 패션이나 액세서리를 집중 보도했다. 영부인에 대한 안 좋은 기억 때문에 지금도 러시아에서는 대통령 부인이 전면에 등장하는 것을 금기시할 정도다.

사후적 해석이지만 현재 푸틴을 지지하는 러시아인들은 고르바초프가 미국에 나라를 팔아먹을 작정이었다고 생각한다. 고르바초프의 대명사 페레스트로이카(개혁)는 기존 시스템을 파괴한 뒤 미국식 자본주의와 민주주의를 세우자는 의미였는데, 고르바초프의 아무 대책 없는 개혁과 개방은 경제와 사회 질서를 붕괴시키는 결과 말고는 아무것도 가져오지 못했다고 본다. 소련과 사회주의가 아무리 실패했다고 하더라도, 이런 식의 선택은 나라를 미국에 헌납하겠다는 의도로 밖에 해석되지 않는다는 것이다. 고르바초프에 맞섰던 인물인 옐친이 러시아의 초대 대통령이 된 것 역시 우연이 아니라고 본다.

—— '민주주의'는 부패와 동의어

소련이 붕괴한 1991년 이후 약 10년 동안 러시아 내에서 소련에 대한 평가는 부정적이었다. 공산주의를 포기하고 새로운 민주주의 국가를 함께 만들자는 구호를 내세운 정부는 미국과 손을 잡았다. 당시 크렘린 궁 안의 러시아 대통령 집무실 옆에는 미국인 자문을 위한 사무실이 따로 마련돼 있었다. 국방부, 기획재정부, 교육부 등 정부 부처에도 장관에게 조언을 하거나, 아예 장관직을 맡은 미국 국무부 직원이 존재했다. 새 러시아 헌법도 미국 헌법을 번역해서 거의 그대로 사용했다.

1992년 대통령 선거에서 보리스 옐친이 당선됐다. 소련 시절 예카테린부르크 시와 주에서 활동을 했던 그는 똑똑하고 적극적인 자세로 많은 당원의 지지를 받았고, 공산당 안에서 빠른 속도로 승진했다. 그는 고르바초프 대통령의 페레스트로이카 정책이 너무 흐지부지하다고 비판하며, 보다 더 강하고 개혁적으로 나라를 바꿔야 한다고 주장했다. 1991년 고르바초프와 옐친의 경쟁이 정점에 이르렀을 때, 옐친은 탱크를 앞세워 군대를 이끌고 모스크바를 점령한 후 공산당을 해체하고 전국에 계엄령을 내렸다. 당시 공산당 지도부는 너무도 나약한 나머지 서로에게 책임을 떠넘기기 바빴고, 결국 그대로 물러나고 말았다. 고르바초프는 1991년 12월 25일 스스로 하야했다. 옐친은 전국에 대통령 선거를 공포했고, 1992년 선거에서 승리를 거두면서 하루아침에 새로운 러시아의 첫 대통령이 됐다.

1995년 러미 정상회담에서 밀월 관계를 과시한
보리스 옐친 러시아 대통령(왼쪽)과 빌 클린턴 미국 대통령(오른쪽).
ⓒ Diana Walker/Getty Images

폭력적인 방법으로 권력을 잡은 정부가 이전 체제에 호의적일 리가 없었다. 무엇을 하든 소련 시절과 달라야 한다는 듯 미국을 우러러봤다. 옐친은 당시 미국 대통령이었던 빌 클린턴과 친목을 과시했다. 둘이 낚시를 하거나, 즐겁게 춤을 추며 안고 안기는 모습이 뉴스에 노출됐다. 당시 러시아에서는 '리스본과 블라디보스토크 사이의 공간'이라는 말이 유행이었다. 유럽의 가장 서쪽에 위치한 포르투갈의 수도 리스본부터 러시아의 맨 동쪽에 있는 블라디보스토크까지 이제는 정치, 경제, 사회적으로 통일된 공간을 만들겠다는 의미였다. 러시아 시장은 아무런 제한 없이 외국 자본에 개방됐다. 법이나 규제를 최대한 완화해서 미국보다 사업하기 더 편한 환경을 만들었다.

　　하지만 현실은 옐친 대통령이 기대했던 것만큼 아름답지 않았다. 세금 장벽이나 규제가 없어져서 외국 자본이 러시아 시장에 대거 들어온 바람에 러시아 기업들은 완전히 망할 수밖에 없었다. 자본주의 시장을 경험한 적도 없고 자본도 없는 상황에서 돈과 노하우가 넘쳐나는 미국과 유럽 기업들과 어떻게 맞설 수 있겠는가.

　　중소기업은 물론이고 대기업까지 모두 망하자 러시아 정부는 세금을 제대로 거둘 수 없었다. 나라의 빚은 천문학적인 속도로 증가했다. 공무원들이 급여를 받지 못하는 상황이 자주 발생했다. 우체국에서 일했던 우리 엄마도 7개월 동안 월급을 못 받은 적이 있었다. 돈을 받지 못한 노동자들이 파업을 자주 일으켰고, 간신히 돌아가던 일상은 때때로 완전히 정지해 버렸다.

1990년대 중반 블라디보스토크에서 살았던 사람이면 누구나 '부채식 정전 사태(Fan Blackout)'라는 말을 기억한다. 광부들이 월급을 못 받아 파업에 들어가고, 이로 인해 발전소에 석탄 공급이 중단돼 블라디보스토크를 비롯한 거의 모든 연해주의 불이 꺼진 것이다. 시 정부는 정전이 지역별, 시간대별로 이뤄져야 한다고 주장했지만, 발전소 직원들은 연료 공급이 안 돼서 어쩔 수 없다며 아예 장시간 동안 전기 공급을 차단해 버렸다. 하루에 22시간 동안 아파트에 전기가 끊기는 날들이 일상이 됐다.

이 사태는 내가 똑똑히 기억한다. 정전 다음 날 학교에서 선생님이 숙제 검사를 하는데, 나를 포함한 친구들은 "숙제를 꼭 하고 싶었지만 정전 때문에 못했어요"라며 한목소리로 정전 핑계를 댔다. 선생님도 이 변명만큼은 받아들일 수밖에 없었다. 물론 그 와중에도 촛불을 켜고 숙제를 해 온 모범생이 있었다. 모두들 그 친구에게 진심을 담은 야유를 마음속으로 보낸 기억이 생생하다.

정전이 지속되면 불편한 수준이 아니라 생활 자체를 영위할 수 없다. 물 공급이 끊기고 하수도 관리 시설도 멈춘다. 샤워나 양치질 같은 기본적인 위생 상태도 유지할 수 없다. 요리도 어렵다. 우리 엄마는 옆집 아줌마와 돈을 모아서 시장에서 가스레인지를 구매했고, 순서를 정해 음식을 만들었다. 상황이 이렇다 보니 밤이 되면 차라리 밖에 나가는 게 더 나았다. 사람들은 어두운 집 안에 있는 것보다 아파트 단지 마당에 나와서 함께 음식을 만들거나 수다를 떨었다. 기본 생활을 할 수 없으니 어쩔 수 없이 선택한 삶의 방식이었다. 당시 중학생이었던 나는 그런 생활이 더 매력적이었다. 밖에서 마음껏 놀아도 누구나 납득할 수 있는 핑계가 있으니 얼마나 좋은가.

　이런 상황은 1990년대 중반 절정에 달했다가 1990년대 말에야 점차 개선되기 시작했다. 사회 혼란이 가라앉았고, 러시아산 식료품, 가구, 생활용품 등이 서서히 마트에서 보이기 시작했다. 소련의 흔적이 희미해질 무렵, 새로운 러시아에는 경험해 보지 못한 문제들이 겹겹이 모습을 드러냈다. '야생 자본주의'가 자리 잡았다. 불법 또는 탈법적인 방법으로 국가 재산을 사유화해서 하루아침에 많은 부를 갖게 된 옐친 대통령 측근들, 너무 느리게 진행되어 효과가 사라진 개혁들. 정치 세력들의 투쟁 때문에 통제 불가능한 수준으로 하락한 사회 구조. 말로는 민주주의 사회를 만들겠다면서 실제로는 비리를 저지르고 국가 예산을 횡령하기 바쁜 정치인들. 러시아 국민들의 머릿속에 '민주주의'와 '비리와 부패'는 동의어였다.

1998년 10월 7일 페레슬라블잘레스키 인민 광장에 노동자와 참전 용사 들이 모여
옐친이 추진하는 '파괴적인 경제 개혁'에 반대하는 시위를 벌였다.
시위대는 "예전에는 급여를, 지금은 세금을", "옐친 사임" 등의 구호를 외쳤다.
© Wikipedia

혼란은 푸틴이 정권을 잡고 나서야 조금씩 나아지기 시작했다. 여기에 2000년대 초중반은 세계 경제가 호황에 접어드는 시기였다. 특히 석유 가격이 상상을 초월하는 속도로 급격히 올랐다. 산유국 러시아 입장에서는 호재였다. 석유 판매가 러시아 GDP의 절반 정도를 차지할 정도였다. 유가 상승 덕분에 러시아는 하루아침에 아랍에미리트(UAE) 같은 세계 최대 산유국과 엇비슷한 수준의 돈을 벌어들이게 됐다.

2000년대 러시아 경제는 역사상 최고의 호시절을 보냈다. 정치인들이 국가 예산을 아무리 횡령해도 돈이 넘쳐나서 미국과 같은 자본주의 경제의 혜택을 마음껏 누릴 수 있었다. 금요일 밤에 이탈리아 밀라노에서 스키를 타다가, 일요일 밤에 모스크바로 돌아와, 월요일 아침에 출근하는 일상. 이게 모스크바 시민의 루틴이 됐다. 루이비통, 구찌, 페라가모, 돌체앤가바나 등 세계적인 명품 브랜드는 모스크바에서 지점을 열기 위해 줄을 섰고, 미쉐린 가이드는 모스크바의 유명 레스토랑에 별점을 쏘기 바빴다.

—— 러시아식 민주주의가 탄생한 배경

러시아가 부유해진 이후, 그러니까 2010년대에 들어서자 '주체 민주주의'라는 개념이 언론을 통해 흘러나왔다. "러시아는 문화도, 역사도, 경제도, 사회도 다른 세계와 다르다. 그러므로 우리가 꼭 미국식 민주주의를 받아들일 필요가 없다. 우리 힘으로 새로운 체제, 즉 '주체 민주주의'를 세우자." 언론은 1990년대의 혼란과 현재를 비교하면서 현 정부가 어떤 큰 성과를 거두었는지 강조했다. 자연스럽게 '민주주의'라는 말 자체를 '카오스'와 연결했다. 국영 방송은 "1990년대와 같은 카오스를 다시 원하세요? 지금은 이렇게 잘살고 있는데? 민주주의를 추구하는 게 결국 잘못된 거예요. 현 정부가 만든 이 새로운 체제가 러시아에 가장 잘 맞아요"라고 선동했다. 그러고는 과거를 재평가하는 작업이 본격적으로 시작됐다.

2013년 푸틴 대통령은 국회 앞 연설에서 외국에서 러시아의 역사를 왜곡하려는 시도가 허다하다고 주장했다. 그러고는 러시아 역사 교육에 문제가 있다며 올바른 역사 교육은 국가만이 할 수 있다고 강조했다. 당시 존재하던 수많은 역사 교과서를 폐지하고, 국가가 만든 단 하나의 역사 교과서를 만들고 이를 학생들에게 가르치자고 했다.

처음에는 러시아 시민 단체와 대학 교수 들이 강력하게 반발했다. 그들은 다시 소련 시절로 돌아가면 안 된다고 했다. 반발이 격해지자 러시아 정부는 공식적으로 철회를 발표하고, 한 발자국 물러서는 듯했다. 하지만 러시아 정부의 뜻에 부합하는 교과서에 '국가 추천'이라는 딱지를 붙여

우회적으로 '국가 공인 교과서'를 만들었다. 그러고는 초등학교, 중등학교, 고등학교, 대학교에 이르기까지 모든 국립학교에서 '국가 추천' 교과서를 사용하라는 지침을 내렸다. '국가 공인 교과서' 사용이 국립 학교에서 어느 정도 이뤄지자, 이번에는 국가 지원을 받는 사립 학교에서도 사용하도록 강제했다.

그 결과 현재 러시아 학생들이 배우는 소련의 역사는 내가 학교를 다닐 때 배웠던 내용과 다소 다르다. 소련 시절의 만행이 누락됐고, 그 시절과 체제를 찬양하며, 논쟁적인 부분은 소련에 유리하게 해석한다. 설문 조사 기관 레바다 센터는 5년마다 '러시아 역사 속 최고 인물'이라는 주제로 설문 조사를 실시하는데, 2021년 5월에 발표한 결과를 보면 1위가 스탈린(39퍼센트)이었다. 2위는 레닌(30퍼센트)이었고, 푸틴은 5위(15퍼센트)였다. 더 놀라운 것은 스탈린이 2012년에도 1위(42퍼센트), 2017년에도 1위(38퍼센트)를 차지했다는 것이다.

스탈린은 소련 시절에도 큰 비판을 받은 지도자다. 그가 1953년에 사망하고 니키타 흐루쇼프가 공산당 주석이 되자 전임자였던 스탈린을 강하게 비판하기 시작했다. 대숙청, 제2차 세계대전 때의 치명적인 실수 등을 지적했다. '어쩔 수 없는 악이었지만 어쨌든 악은 악이다'라는 식의 평가가 대부분이었다. 이런 평가는 1990년대 소련이 붕괴하고 나서 더욱 더 심해졌다. 러시아 내에서 처음으로 '독재자'라는 평가까지 나왔다. 나도 그렇게 배웠다.

푸틴은 첫 대통령 임기 때부터 스탈린에 대한 평가를 자제했다. 스탈린에 대한 질문을 항상 회피했고 직설적인 답을 내놓은 적이 없다. 그러다가 어느 순간부터 "아픈 역사가 다시 발생하지 않도록 해야 하지만, 스탈린의 애국심, 나라를 위한 위대한 결단력은 배울 필요가 있다"고 말하기 시작했다. 슬금슬금 스탈린을 '사악한 독재자'가 아닌 '성과가 높은 매니저'로 보는 여론이 형성됐다. 스탈린을 조심스럽게 방어하는 사람들의 논리는 간단했다. 스탈린은 농업마저 후진적인 나라를 레닌에게 물려받았음에도, 제2차 세계대전에서 나치 독일을 이겼고, 미국에 맞설 수 있는 최강대국으로 만든 지도자라는 것이다. "그래, 대숙청이나 사회에게 공포를 줬던 나치식 수용소를 만들어서 수백만 명을 학살한 지도자였지만, 나라를 시궁창에서 꺼내고 전 세계의 꼭대기에 자랑스럽게 설 수 있게 만든 사람이기도 하잖아. 그 정도 희생은 감내해야지. 지금 우리가 사는 나라의 기반은 스탈린이 깔아 준 거야." 현재 러시아에서는 이런 입장으로 스탈린을 지지하는 국민들이 생각보다 많다.

푸틴은 스탈린 시절의 소련을 찬양하면서 '질서'라는 키워드를 뽑아냈다. 그는 스탈린이 지배하던 소련 시절을 '좋은 국가'의 원형쯤으로 선동했다. 사회의 모든 면이 정리

러시아식 민주주의를 주창하는 푸틴은 스탈린을 사악한 독재자에서
능력 있는 지도자로 바꿔 버렸다.

© Sasha Mordovets/Getty Images

가 잘되어 있어서, 사람들은 정해진 규칙과 틀 안에서 잘 살아가면 큰 문제가 없었다고 말이다. 또 개인이 크게 노력하지 않아도 국가는 개인이 필요로 하는 것들을 제공해서 편안하게 살 수 있었다고 주장했다.

반면 소련이 붕괴된 1990년대는 무질서 그 자체로 봤다. 소련 시절의 잘 구축된 사회 복지 시스템을 모두 포기하고 국민들이 각자도생하도록 내팽개쳤다는 것이다. 그러고는 이렇게 말한다. "이게 현재 러시아가 조우하는 모든 문제의 원인이다. 1990년대 러시아는 정말 큰 실수를 했다. 좋은 것을 모두 파괴했다."

결론적으로 푸틴이 주장하고 싶은 것은 이것이다. "이제 민주주의, 자본주의를 따라서는 안 된다. 질서를 지키려면 미국식이 아닌 우리만의 길을 걸어야 한다. 그래야 모두가 잘사는 사회를 만들 수 있다. 서방 국가를 보라. 사회는 무질서하고, 경찰의 권력 남용에 사람들은 희생되고 있다. 인종 차별, 금융 불안전, 이민자 난입, 동성끼리 결혼하는 도덕적 타락…. 문제가 없는 게 하나도 없다. 이게 다 민주주의 때문이다. 이 세상에서 전통적인 가치를 그대로 보존하는 나라는 우리밖에 없을지도 모른다."

지극히 사적인 러시아

부모님에게 이런 질문을 한 적이 있다. "소련 시절에 태어나서 사회주의 체제가 자본주의 체제로 넘어가는 시절을 경험해 봤고, 지금은 자본주의 체제에서 살아가고 계시는데, 두 체제의 장단점이 뭔가요?", "러시아의 기성세대는 왜 스탈린을 옹호하죠?" 부모님의 대답은 간단하지만 나름 논리적이었다.

러시아 기성세대가 소련 시절을 그리워할 수밖에 없는 이유는 그들이 변화의 가장 큰 희생자였기 때문이었단다. 1990년대 초반에 소련이 붕괴되고 자본주의 체제가 들어섰을 때, 당시 30~40대들은 성숙한 사회인이자, 어느 정도 사회적 위치에 올라 있던 세대였다. 하지만 체제 변화로 이 모든 것들이 무용지물이 됐다. 이 세대는 어느 날 갑자기 나락으로 떨어졌다. 2000년대에 들어서자 이들은 40~50대가 됐고, 10~20대와 동일 선상에서 경쟁을 벌여야 하는 상황이 됐다. 회사 입장에서는 50대 초반보다는 20대 초반을 선호할 수밖에 없었으니, 인구의 절반이 넘는 세대는 쓸모없는 존재가 돼 버리고 말았다. 이런 상황에서 옛날을 추억하고 그리워하는 건 당연했다.

부모님께서는 사회주의와 자본주의, 이 두 체제 안에서 살아보니 사회주의의 장점을 확실히 알게 되셨다고 한다. 사회주의 시절에는 교육, 일자리, 부동산 등을 전혀 걱정할 필요가 없었다. 국가는 초·중·고 교육을 보장했고, 대학에는 무조건 무상으로 다닐 수 있었다. 모든 대학 졸업자에게 일자리를 100퍼센트 보장했기 때문에 대학 시절에 걱정거리가 하나도 없었다. 집도 국가가 무료로 나눠 주고, 차도 국가에서 분양받는 식이었으니 굳이 걱정할 필요도 없었다. 그리고 늙으면 국가에서 모든 사람에게 공평하게 연금을 주니 노후에 편하게 지낼 수 있었다.

아빠 말로는 대학 때 당신의 걱정거리가 딱 두 가지였다고 한다. 첫째, 시험을 앞두고 공부를 해야 하는 것, 둘째, 시험공부를 하면서 연애하는 것. 이 둘 중에 두 번째 걱정거리가 더 컸다고 농담까지 하셨다. 아빠 말씀을 들어 보니 이해가 갔다. 이차피 일자리는 국가에서 정해 주고, 살 집 역시 국가가 무료로 준다면 인생에서 가장 중요한 일은 오늘 저녁 메뉴와 이번 주말 데이트 코스 정하기가 되는 게 맞다.

그렇다면 현재 러시아 자본주의의 시스템의 가장 큰 장점이 뭘까. 아빠는 "부족한 게 없다"고 답하셨다. 돈만 있으면 마트에 가서 계절에 상관없이 모든 채소와 과일을 살 수 있다는 것, 돈만 있으면 가전제품을 국가가 나눠 주기를 기다리지 않고 바로 오늘 살 수 있다는 것, 돈만 있으면 비행기를 타고 국내 여행, 심지어 해외여행도 할 수 있다는 것 등이었다. '자유'라는 말을 쓰지는 않으셨지만 아빠가 말하고 싶은 것은 바로 자유였다. 이동의 자유, 표현

　　　　　　　　지극히 사적인 러시아

의 자유.

　아빠가 '자유'라는 단어를 안 쓴 이유가 있었다. 바로 러시아 사람에게는 '자유'라는 개념과 '무질서'라는 개념이 동일하기 때문이다. 소련이 해체되고 등장한 새로운 정권은 워낙 자유라는 말을 남용해서 이제 러시아 국민에게 자유는 무질서와 불평등, 비리와 횡령, 권력 남용과 다름없는 말이다.

'독재자' 푸틴이
인기 있는
이유

:

친분이 조금 생기면 어김없이 이런 질문이 들어온다. "왜 러시아 사람들은 '독재자' 푸틴을 지지하는가"다. 한국에서 살다 보니 그렇게 생각할 수 있겠다 싶다. 러시아에 대한 배경지식이 없는 외국인들이 푸틴에 대한 뉴스를 듣다 보면, '푸틴이 독재를 하고 있다'는 사실과 '러시아인들이 그를 엄청나게 좋아하고 지지한다'는 사실이 어떻게 공존할 수 있는지 의문을 가질 수밖에 없을 것이다.

이 질문에 대한 답은 매우 복잡하다. 나 역시 간략하고 명쾌한 답을 내놓을 수 있으면 좋겠다. 이런 상황은 러시아의 독특한 정치 문화, 국민성, 유럽과 다른 가치와 도덕 기준, 역사적 아픔, 그리고 현 정권과 대통령의 이중적인 모습 등 복잡다단한 배경에서 기인한다.

"푸틴은 독재자인가"라는 질문을 받으면, 나는 "독재란 무엇인가"라고 되묻는다. 북한이나 중국과 비교해 보자. 그들에 비하면 러시아를 독재 국가로 보기는 어렵다. 러시아인은 서유럽 국가의 시민들과 비슷한 수준의 자유를 누리고 있다. 일상생활에서 정치적인 탄압을 느끼지 못한다. 하지만 노르웨이나 스웨덴, 영국이나 캐나다와 같은 수준의 자유는 아니다. 말하자면 스웨덴 입장에서 봤을 때 러시아는 독재 국가이지만, 북한과 비교했을 때는 완전한 민주주의 국가로 보인다.

　러시아 사람들에게 독재의 전형은 소련 시절이다. 그시절은 현재 러시아와는 아무런 관련이 없다. 체제도 다르고, 정부와 시민의 관계, 일반인들의 생활 패턴까지 모두 다르다. 그래서 러시아 사람들에게 왜 독재를 참고 있냐고 물어보면 대부분 어깨를 으쓱하면서 당황한 눈빛으로 당신을 쳐다볼 것이다. 그러고는 "우리가 독재를 겪어 봐서 아는데, 지금 이 상황은 절대 독재가 아닙니다"라고 할 것이다. 즉 대부분의 러시아 사람들이 푸틴을 독재자로 여기지 않는다는 말이다. 여기에는 나름의 맥락이 있다.

—— 러시아인들의 마음을 사로잡은 리더, 푸틴

1996년 두 번째 대통령 선거에서 승리를 거둔 옐친 대통령은 임기 때 심장마비가 몇 번이나 찾아올 정도로 건강이 악화됐다. 그러면서도 술독에 빠져 크렘린 궁 대통령 집무실에 출근조차 하지 않았다. 기자회견장에서 한 기자가 대변인에게 "대통령이 왜 출근을 하지 않고 업무도 보지 않느냐"고 묻자 대변인은 "대통령이 지금 관저에서 문서를 만지고 있다"는 대답을 내놓았다. 이 '문서를 만지다'라는 표현은 순식간에 들불처럼 러시아 전역에 퍼져 나갔다. 사람들은 과음해서 길가에 쓰러져 자고 있는 알코올 중독자를 '문서를 만지는 사람'이라고 풍자하기도 했다.

그러던 어느 날 옐친 대통령이 일 때문에 어느 지역을 방문했다가 현지 예술 단체의 공연을 관람하게 됐다. 공연을 응시하던 옐친은 갑자기 자리에서 일어나 무대에 올라가더니 사람의 말이라고 할 수 없는 희한한 소리를 내면서 연주자와 어색하게 춤을 추기 시작했다. 문제는 이 장면이 생방송으로 전국에 송출됐다는 점이었다. 러시아 국민들은 경악했다. 10년 전 용감하게 탱크에 올라가 새로운 민주주의 국가를 선포한 사람이 얼마나 심각하게 망가졌는지 목도했기 때문이다. 대통령의 정신 건강에 문제가 있다는 소문은 기정사실이 됐다.

1990년대만 해도 러시아 국회에서 야당은 상대적으로 강한 권력을 가지고 있었다. 하루아침에 야당이 돼 버린 공산당은 여전히 기성세대의 탄탄한 지지를 받았고, 국회에서 새로 생긴 민주당과 치열하게 싸우고 있었다. 1990년대 초반에는 국회에서 아예 사라질 뻔한 위기도 있었지만, 1990년대 중반부터 대통령의 이상한 행보를 지켜보던 국민들이 마음을 돌리기 시작했다.

1990년대 말에는 행정부와 입법부가 치열한 전쟁을 벌이고 있었다. 헌법에 따르면, 대통령이 지명하고 국회가 승인하는 국무총리는 짧으면 한 달, 길어야 6~7개월 후에 얼굴이 바뀌었다. 언론에서는 '총리 퍼레이드'라고 비판했다. 웬만한 유명 인사들이 모두 한 번쯤 자리에 엉덩이를 붙여 봤지만, 대통령과 국회가 모두 마음에 드는 총리를 찾는 데 계속 실패했다. 그러다가 1999년 8월 옐친 대통령은 그 당시 국가안보국(FSB, Federal Security Bureau) 국장이었던, 그동안 어느 누구도 이름을 들어 본 적이 없는 사람에게 총리직을 제안했다. 바로 블라디미르 푸틴이었다.

푸틴은 이전에 정치 활동 경력이 전혀 없었다. 공개적으로 어느 세력도 지지한 적이 없는 인물이었다. 이런 이유로 국회에서도 큰 반대 없이 통과됐고, 덕분에 러시아 국무총리가 됐다. 늙은 데다 항상 술에 취한 말투로 사고만 치고 다니는 옐친 대통령에 비해 푸틴은 정반대 지도자였다. 소련 시절 정보기관 KGB(카게베) 출신답게 호리호리하고 말쑥한 외모, 단호한 언행을 자랑했다. 또, 다수의 외국어를 완벽하게 구사하고, 술과 담배를 멀리하며, 평생 일만 해 온 사람이었다. 오스트리아와 오스트레일리아를 헷갈리는 옐친 대통령과는 비교하기 민망할 정도로 인물이 나아 보였다.

화법도 기존의 정치인들과는 차원이 달랐다. 푸틴은 연설에서 시정잡배들이나 쓸 말을 여과 없이 토해 냈다. "체첸 테러리스트? 살 권리가 없는 쓰레기들이다. 끝까지 추적해서 현장에서 지랄하면 개처럼 바로 뒈지게 할 것이다. 화장실에서 똥 싸는 체첸 놈들을 찾으면, 그놈들이 싼 똥에 그냥 묻어 버리겠다." 당시 체첸과 전쟁 중이었던 러시아는 사회적 피로감이 극에 달한 상태였다. 전쟁에 지쳤고, 경제는 내리막길이었다. 빈곤율은 50퍼센트 이상 치솟았다. 기존 정치인과는 전혀 다른 화법을 구사하는 푸틴에게 국민들은 속 시원함을 느끼지 않을 수 없었다.

1999년 12월 31일. 한 해의 마지막 날 밤은 러시아에서 가장 큰 명절인데, 20세기 마지막 날 밤은 여느 때와 달랐다. 밤 12시 직전에 러시아 대통령이 방송에서 나와 "힘든 한 해였지만 내년에는 꼭 행운이 올 것이다"라는 의례적인 대국민 축하 메시지를 보내는 관례가 있는데, 이 자리에서 옐친 대통령은 아무도 예상치 못한 자발적인 하야를 선언했다. 그리고는 2000년 1월 1일부터 국무총리인 푸틴이 대통령 권한 대행이 될 것이고, 다가오는 3월에 대통령 보궐 선거를 실시하겠다고 공포했다. 옐친은 그 길로 정치를 그만두고 모스크바 근교에 있는 대통령 관저 중 한 곳에서 가족과 함께 조용하게 살기 시작했다.[*]

2000년 3월 치러진 대통령 선거에서 푸틴은 52.9퍼센

---

[*] 러시아 대통령 관저는 여럿인데, 한국과 달리 전직 대통령은 퇴임 후에도 머물 수 있다.

갑작스럽게 하야를 선언하고 푸틴(왼쪽)에게 대통령 권한을 넘긴 옐친(오른쪽).
ⓒ Wikipedia

트의 득표율로 러시아 대통령이 됐다. 그러고는 곧바로 국
정에 몰두했다. 그는 체첸 전쟁을 끝내고, 불평등의 상징이
었던 '올리가르히(Олигархи)'를 향해 전쟁을 선포했다. 올리
가르히는 국가 재산에 기생하면서 사치를 일삼고 사람들을
가축처럼 취급하는 이들이었다. 이런 부패 집단을 없애겠
다고 하니 일반 국민들은 당연히 좋아할 수밖에 없었다.

—— 민주주의 지도자였던 시절의 푸틴

의아하게 들리겠지만, 첫 임기였던 2000년대 초반에 푸틴
은 누구보다 민주주의를 강조했던 지도자였다. 미국과 친
분을 쌓으려 노력하며 러시아를 나토에 가입시키려고 했
다. 2001년 9월 11일 아침, 미국 뉴욕에서 테러가 일어났을
때 부시 대통령에게 가장 먼저 전화를 건 이가 바로 푸틴이
었다. 미국이 선포한 '테러와의 전쟁'을 무조건 지지한다면
서 러시아 영공을 미군에게 곧바로 열어 줬고, 미군이 러시
아와 키르기스스탄의 군 공항을 이용하도록 도왔다.

　　러시아 국민들의 삶은 거시적으로 보든, 미시적으로
보든 이전보다 훨씬 개선되기 시작했다. 푸틴 대통령 첫 임
기 때인 2000~2004년 러시아 국내 총생산(GDP) 성장률은
연간 평균 7퍼센트대였고, 빈곤률은 절반 이하로 내려갔다.
러시아의 경제 규모는 2000년에 전 세계 23위에 불과했지

러시아 최대 석유 및 가스 회사 가즈프롬. 2000년대 전 세계적인 유가 폭등으로
가즈프롬을 비롯한 러시아 석유 회사들은 큰 수익을 얻었고,
이는 러시아 경제 상황 개선으로 이어졌다.

ⓒ Getty Images

만, 2007년에는 11위로 껑충 뛰어올랐다. 금융 시장 개혁, 건설 분야 개혁, 부동산 시장 안정화…. 개선되지 않은 분야는 하나도 없었다.

통계 수치도 인상적이었지만, 국민들도 생활 수준이 개선되고 있음을 피부로 느꼈다. 식료품 부족은 옛말이 됐고, 너도 나도 핸드폰을 손에 쥐기 시작했다. 인터넷이 일상 속 도구가 돼 갔다. 나라 분위기는 들떠 있었다.

물론 이 모든 업적이 푸틴과 러시아 정부의 능력 덕분이라고 할 수는 없다. 2000년대의 세계적인 호황과 유가 폭등이 결정적이었다. 석유와 가스 판매량 기준으로 세 손가락 안에 드는 공급자였던 러시아는 감당할 수 없을 정도의 돈을 갑자기 벌었다. 덕분에 러시아 국내 사정은 몇 배로 좋아졌다. 하지만 정부에서는 푸틴 대통령의 현명한 지도를 강조했다. 이제 지옥 같은 1990년대가 지나가고 새로운 나라가 태어났다고 주장했다.

2004년 대통령 선거. 푸틴의 재선은 기정사실이었다. 실제로 푸틴은 71.3퍼센트의 압도적인 승리를 거두었다. 2위였던 공산당 후보는 13.6퍼센트의 지지를 받는 데 그쳤다. 비록 대선 캠페인 과정에서 흠집들이 있었지만 국내외 언론은 러시아의 선거 과정이 나름 투명했다고 평가했다.

푸틴이 반서(反西) 감정이 보이기 시작한 시기는 두 번째 임기 때였다. 2007년에 독일 뮌헨에서 열린 유럽 안보

회의에서 푸틴은 처음으로 미국에 맞섰다. 그는 '세계의 경찰관'을 자처한 미국의 이라크 침공을 강하게 비판하면서, 미국이 러시아를 비롯한 다른 국가들의 의견에 전혀 귀를 기울이지 않을 뿐만 아니라 마치 부하 직원을 대하는 태도를 보이고 있다고 주장했다.

푸틴의 비판 연설에는 배경이 있었다. 2002년 미국이 탄도탄요격미사일협정(Anti-Ballistic Missile Treaty)을 사전 통보도 없이 일방적으로 파기한데다, 1990년대에 약속한 나토의 동진 금지 약속을 어기고, 구소련이었던 발트 3개국(에스토니아, 라트비아, 리투아니아)을 비롯해 폴란드와 체코 등 동유럽 국가의 나토 가입을 적극 찬성했기 때문이다. 또한 미국이 유엔 안전보장이사회의 반대에도 불구하고 이라크 침공을 추진했고, 북아프리카와 중동에 위치한 나라들의 국내 정치에 개입해 소위 '아랍의 봄'을 부추겼다고 보았다.

푸틴의 미국 비판은 국민들의 높은 지지를 받았다. 러시아 사람들은 미국의 패권주의에 쓴소리를 할 수 있는 강한 지도자를 환영했다. 강대국 소련이 붕괴되면서 1990년대 내내 국제 사회에서 온갖 망신과 굴욕을 당했던 러시아 국민들은 이제 가슴을 펴고 고개를 들 수 있게 됐다.

지극히 사적인 러시아

2008년 당시 러시아 헌법은 대통령이 2회 이상 연임할 수 없도록 규정하고 있었다. 즉 2000년에 대통령이 되어 2004년에 재선에 성공한 푸틴은 더 이상 대통령 선거에 출마할 수 없었다. 친정부 매체에서는 여론을 형성하기 시작했다. "러시아에는 푸틴만한 정치가가 없다." 방송과 인터넷에서는 푸틴이 대통령을 계속해야 할지에 대해 논쟁이 벌어졌다. 지금 시점에서 본다면 신기해 보일 수 있겠지만, 그 당시만 해도 러시아는 나름 법을 따르는 분위기였다. 정치적 이슈를 두고 공개적인 논의도 가능했던 시기였다.

푸틴이 개헌을 추진해서 연임 제한을 없앨 거라는 의심도 있었지만 결국 푸틴은 헌법을 따랐다. 하지만 그냥 물러나지는 않았다. 차기 대통령은 드미트리 메드베데프(Дми́трий Медве́дев)가 됐으면 한다는 언급을 대수롭지 않은 말인 것처럼 던졌다. 러시아 국민에게는 그보다 더 뚜렷한 힌트가 없었다. 메드베데프는 2008년 3월 대통령 선거에서 70.2퍼센트의 지지를 받아 대통령이 됐다.

메드베데프는 푸틴의 오랜 친구였다. 둘은 1990년대 초반에 상트페테르부르크 시청에서 같이 일했고, 1990년대 말에 푸틴이 모스크바에서 일하게 됐을 때 메드베데프도 함께 움직였다. 푸틴 대통령이 된 후에 메드베데프는 대통령 비서실을 비롯해 여러 중요 직책을 맡아 2007년부터는

2008년 러시아 대통령이 된 드미트리 메드베데프(왼쪽),
대통령에서 국무총리가 된 푸틴(오른쪽).
ⓒ Wikipedia

차기 대통령 후보로 떠올랐다. 메드베데프는 2008년 5월 대통령 취임식을 치르고 한 시간도 지나지 않아 푸틴을 국무총리로 임명했다. 대통령 메드베데프의 첫 번째 지시였다. 대통령은 바뀌었지만, 실제 권력을 누가 쥐고 있는지는 너무나 명확했다.

2008년 8월 조지아가 남오세티야를 무력으로 침범해 합병하려고 하자, 이에 대응한 사람은 메드베데프 대통령이 아니라 푸틴 총리였다. 2010년대 초반에 미군이 시리아에 진입했을 때 메드베데프 대통령은 공개적으로 미군을 지지했다. 하지만 몇 시간도 안 돼 푸틴 총리는 대통령의 말을 뒤집고 미국을 비판했다. 2000년부터 매년 대국민 소통 방송은 대통령이 했지만, 2008년부터 2012년까지는 총리가 했다. 메드베데프에게는 '주머니 대통령(pocket president)'이라는 별명이 붙었다.

2011년 러시아는 대단히 큰 정치적인 위기에 휩싸였다. 국회의원을 선출하는 총선에서 친푸틴계인 '통합러시아당'이 승리하자 모스크바를 비롯한 러시아 주요 도시에서 대규모 반대 시위가 벌어졌다. 곳곳에서 투표 부정행위가 발각되어 부정 선거 의혹이 제기된 것이다. 많은 국민이 스마트폰을 사용한 시대여서 가능한 일이었다.

러시아 사람들은 이듬해에 있을 대통령 선거에서 혹시 푸틴이 다시 출마하지 않을까 걱정하기 시작했다. 푸틴은 침묵을 지켰다. 하지만 결국 대통령 선거 후보 등록 마감일에 출마를 선언했다. 메드베데프는 자신의 친구를 위해 움직였다. 차기 대통령의 임기를 4년에서 6년으로 늘렸다. 야권 세력이 강하게 반발했지만 2012년 대통령 선거에서 푸틴은 63.6퍼센트의 지지를 받으면서 러시아 대통령으로 돌아왔다. 하지만 이번에도 부정행위와 투표 결과 조작 의혹이 등장했다. 푸틴과 정부에 대한 신뢰가 떨어지기 시작했다.

—— 전통적인 러시아 지도자상에 가까운 푸틴

2013년 러시아의 이웃 국가인 우크라이나에서 반정부 시위가 일어났다. 우크라이나 대통령 빅토르 야뉴코비치가 민간인 대량 학살 혐의로 형사 입건 위기에 처하자 해외로 도피했고, 새로운 정부가 들어섰다.

문제는 이 정부가 반(反)러시아 성향을 보였다는 것이다. 우크라이나 정부는 유럽 연합 및 나토 가입, 미국과의 친선 등을 발표했다. 소련 시절부터 크림반도에 항상 주둔하던 러시아 해군 기지의 철수를 명령했고, 그 자리에 나토의 군사 기지를 설립하겠다고 선언했다. 또한 방송이나 학교 등에서 러시아어 사용을 금지했다. 상황은 매우 빨리 악화됐고, 두 나라는 단교 단계에까지 갈 뻔했다.

지극히 사적인 러시아

2014년 3월 오스트리아 빈에서 러시아의 크림반도 합병을
비판하는 시위가 열렸다. ⓒGetty Images

같은 해 같은 달, 모스크바 붉은 광장에서는 러시아인들이 모여
러시아의 크림반도 합병을 축하했다. ⓒGetty Images

푸틴 대통령은 2014년 3월 크림반도에 소속 부대 마크를 뗀 러시아군을 진입시키고, 크림반도 독립 여부를 묻는 국민 투표 실시를 선포했다. 러시아가 공식적으로 군사 개입을 부인하면서 서방 세계가 개입을 미루는 사이, 속전속결로 이뤄진 투표에서 크림반도 국민 90퍼센트 이상이 러시아에 속하기를 바랐다. 푸틴은 곧바로 합병 절차를 진행하고, 공식적으로 크림반도를 러시아 영토로 병합했다.

이 사건은 어마어마한 결과를 초래했다. 미국을 비롯한 모든 서방 국가들이 이를 강하게 비판했다. 그러고는 러시아 정치와 경제 분야에 제재를 가하기 시작했다. 국제 무대에서 러시아가 하루아침에 외톨이로 전락한 것이다.

하지만 러시아 내에서는 계속 하락하던 푸틴의 지지율이 쭉쭉 치솟았다. 2013년 말, 30퍼센트대로 하락했던 지지율은 2014년 3월과 4월에 89퍼센트까지 치솟았다. 2000년 푸틴이 처음으로 대통령으로 당선됐을 때보다 더 높은 지지율이었다. '강한 러시아가 미국의 코를 주먹으로 친 사건'은 러시아 국내 분위기를 축제로 만들었다.

푸틴은 지지율을 의식한 듯 강한 모습을 국민들에게 몇 번 더 보여 줬다. 2015년 러시아군을 시리아로 보내고 미국이 이기지 못한 전쟁을 승리로 이끌겠다고 선언해 지지자들의 큰 호응을 받았다. 2016년에는 미국 대통령 선거에 개입해서 큰 물의를 일으켰다. 러시아 언론은 "이제 러

지극히 사적인 러시아

시아는 무릎에서 일어서고 있다"는 표현을 써 가며, 러시아가 미국 대통령 선거에 영향을 미칠 정도로 위대한 나라가 됐다는, 친정부 성향의 립 서비스를 아끼지 않았다.

세계와 밀고 당기는 게임에 너무 몰두했을까. 푸틴이 러시아 내정에 신경을 덜 쓰는 게 점점 명확해져 갔다. 아니, 국내 지지율을 아예 신경 쓰지 않는 듯한 모습을 보였다. 2000년부터 연금 수령 나이를 절대 올리지 않겠다고 했던 정부는 갑작스레 연금 수령 나이를 올렸다. 또한 쓰나미처럼 몰려온 2020년 코로나19 팬데믹 때 푸틴은 감염병을 피해 벙커에 틀어박혔다. 그러고는 코로나19에 대해 아무런 대응도 하지 않았다. 팬데믹 대응은 각 지자체별로 이루어졌고 결국 셧다운까지 이어졌다. 레바다 기관 조사에 따르면, 2020년 5월 푸틴의 지지율은 25퍼센트까지 떨어졌다. 그 이전에 푸틴의 가장 낮은 지지율은 크림반도 점령 이전에 기록된 30퍼센트였다.

반민주주의적 행태는 점점 더 심각해지고 있다. 반정부 언론에 압력을 가하거나 폐간시켰고, 표현의 자유를 억압했다. 인터넷을 통제하는가 하면, 반정부 인사 살해를 시도하는 등 독재적인 성격을 보여 줬다. 또한 2020년 7월에는 자신의 다섯 번째 대통령 출마를 가능케 할 개헌 국민 투표를 실시했다. 여기서도 부정행위, 결과 조작, 투표 절차 위반 등이 발각됐다.

그럼에도 불구하고 푸틴은 여전히 지지를 받는다. '콘크리트 지지층'과 '극렬 반대층'을 제외한 중도층의 반응을 보면 이 현상의 이유를 알 수 있다. 다른 나라도 마찬가지겠지만 러시아에도 정치에 아예 관심이 없는 사람이 아주 많다. 정확한 수치를 말하기 어렵지만, 개인적으로는 러시아 사람들 대부분은 정치에 관심이 없다고 느낀다. 보통 민주주의 국가라면 '샤이 친정권', '샤이 반정권' 등으로 표현되는 중도층이 평소에는 정치에 관심이 없다가 투표 당일에 자신의 권리를 행사하기 마련인데, 러시아에서는 그렇지 않다. '샤이 반푸틴층'은 보통 투표에 참여하지 않는다. 정치에 관심이 정말 없기도 하고 투표 시스템을 전혀 신뢰하지 않기 때문이다. 보통의 러시아인들과 정치를 소재로 대화를 나누다 보면, 자주 듣는 이야기가 있다. "뭐하러 투표하러 가? 어차피 우리 손에 달려 있는 게 하나도 없는데. 그리고 바꿔 봤자 도로 1990년대지. 지금이 조용하고 좋아." 투표해 봤자 조작을 할 테고, 푸틴을 갈아치워 봤자 푸틴보다 못한 놈들이 도로 1990년대의 대혼란을 가져올 것 같으니 푸틴이 마음에 안 들어도 그냥 놔두자는 심리다.

러시아 정부는 중도층의 생각을 잘 읽고 있어서 이를 최대한 활용하려 노력한다. 예를 들어, "러시아가 드디어 안정적인 발전을 이루는 나라가 됐는데 중간에 지도자를 뭐하러 바꾸나?", "검증되지 않은 사람이 대통령이 되면 다

지극히 사적인 러시아

시 1990년대 나라 꼴이 된다.", "푸틴만큼 경험을 갖고 있는 사람은 러시아 어딜 찾아 봐도 없다." "지금 미국이 우리를 지도에서 지우려고 사력을 다하고 있는데, 이런 상황에서 대통령을 어떻게 바꾸나? 위기인데!"라고 말한다. 국영 방송사가 이런 논조의 이야기를 매일 하기 때문에 인터넷 사용이 익숙하지 않은 기성세대는 무비판적으로 그대로 받아들인다. 이런 주장은 일정 부분 사실이기도 하다. 2022년 기준으로 따지면, 푸틴은 22년째 러시아를 통치하고 있다. 이 기간 동안 푸틴은 자신과 맞설 수 있는 정치인이 등장할 수 없게 만들었다. 경쟁자로 클 여지가 보이면 국가의 행정, 사법 기관을 비롯한 모든 수단을 동원해서 싹수를 잘라 버렸다.

'샤이 반정부'층이 푸틴을 적극적으로 반대하기보다는 중립적인 태도로 대하는 이유는 또 있다. 푸틴은 러시아 문화에서 이상적으로 생각하는 지도자 모습을 갖췄다. 전통적으로 러시아에서는 강한 지도자, 완전한 권력을 갖고 있는 황제인 '차르', 나라의 아버지로서 지도자의 이미지를 좋아한다. 러시아가 생긴 9세기부터 역사를 쭉 보면, 국민이 가장 좋아하고 가장 성공적인 지도자들은 모두 강력한 절대 권력을 가진 인물이었다. 러시아를 통일한 이반 뇌제, 러시아를 유럽 국가로 만든 표트르 대제, 러시아의 위대함을 증폭한 알렉산드르 2세를 비롯한 로마노프가(家)의 황제들,

러시아인들이 이상적으로 생각하는 지도자의 모습을 가진 푸틴.

사회주의 혁명의 아버지인 레닌, 제2차 세계대전에서 나치 독일을 이긴 스탈린…. 이제는 푸틴이 자신의 이름을 이 반열에 올리고 싶어 한다는 평가가 많다.

내가 보기엔 한국과 러시아는 지도자를 바라보는 관점이 다르다. 한국에서는 대통령을 고위직 공무원으로 보는 경향이 큰 것 같다. 권력을 가졌지만 국회가 대통령의 권한을 제한할 수 있다. 국민의 의지만 있다면 탄핵까지 가능하다. 러시아는 그렇지 않다. 대통령을 절대 권력을 가진 '아버지'로 본다고 할까. 아버지도 사람인지라 그릇된 판단을 내릴 수 있고, 정말 나쁜 사람일 수도 있다. 하지만 아버지는 아버지다. 우리가 아버지에게 함부로 대들 수 없듯이, 대통령에게 일반 국민이 감히 뭐라고 할 수 없다. 이런 면에서 봤을 때, 러시아는 한국보다 훨씬 더 보수적이다.

반발이 덜한 또 다른 이유는 이렇다. 푸틴의 반민주주의적 행태가 일반 국민들의 삶에 직접적인 영향을 끼치지 않기 때문이다. 정치에 관심이 없고, 일상을 묵묵히 살아가는 사람들은 대통령과 마주칠 일이 전혀 없다. 직장에서 퇴근한 후 마트에 들러 장을 보고 집에서 온 가족이 식사를 한 후 최신 영화를 보는 하루, 여름에 프랑스에서 삶의 쉼표를 찍는 여유, 은행에서 대출을 받아 집을 살 궁리를 하는 인생. 이런 삶이라면 현재 러시아 대통령의 이름조차 몰라도 문제될 게 없다. 또한 사업을 해서 돈을 버는 측면에서 보면 러시아만큼 자유롭고 제한이 없는 나라도 없다. 이렇게 정치가 우리 생활 하나하나에 얼마나 영향을 미치는지 모르는, 혹은 외면하는 사람들은 반민주적인 정부가 우리의 삶을 얼마나 갉아먹고 희생시키는지 깨닫지 못하고 있다.

문제는 더 나은 세상을 위해 정치에 참여하려는 순간 불거진다. 2019년까지 러시아는 겉으로는 정말 자유로운 나라처럼 보였다. 인터넷에서 댓글로 푸틴을 욕하거나 코미디로 풍자해도 두려워할 필요가 없었다. 크렘린 궁 앞에서 푸틴을 반대하는 시위를 열어도 상관없었다. 시위를 하면 경찰이 폭력으로 진압하고 시위자를 체포하지만, 시위 자체는 허용했다는 이야기다. 이러니 정치에 관심이 없는 대부분의 러시아인들은 스스로를 자유롭다고 생각했다. 푸틴의 정적이 되면 어떤 꼴을 당하는지는 대충 알고는 있었지만 자신들과는 상관없는 일이니 굳이 신경 쓸 필요가 없었다. 하지만 요즘에는 푸틴 반대파가 공개적으로 대통령을 비판하거나, 정부 인사의 비리나 횡령을 고발해도 언론사들은 침묵한다. 언론은 양비론을 펼치거나 오히려 반대파를 비난하고, 푸틴에 대한 비판을 삼가하는 등 눈치를 보는 분위기가 자연스럽게 형성됐다. 또, 정부는 정적의 계좌를 동결하거나 부패 혐의를 뒤집어 씌워 '합법적'으로 탄압한다. 비판적인 목소리를 내는 순간 한 사람의 인생이 망가질 수 있는 것이다.

러시아는 독재를 제도적으로 뒷받침하는 법률까지 만들었다. '권력비판금지법'이다. 유신 시절 한국의 '국가모독죄'를 연상시키는 법이 2019년 3월에 러시아에서 만들어진 것이다. 이 법은 대중들에게 겁을 주려고 만든 법이라서 실제로 적용된 사례는 없었다. 하지만 2022년 러시아가 우크라이나를 침공하면서 상황이 완전히 달라졌다. 이 법으로 사람들이 잡혀가기 시작했다.

여기에 더해 표면상의 언론의 자유조차 사라져버렸다. 정부에서는 해외 대기업의 로비를 막겠다며 만든 '해외 에이전트 금지법'을 만들었다. 이름만 보면 자본으로부터 언론의 자유를 보장하는 법처럼 보인다. 하지만 실질적으로는 언론의 자유를 완벽하게 망가뜨리는 법이다. 이 법에 따르면, 언론이 해외에서 재정 지원을 받을 경우 보도 때마다 후원받은 사실을 알리고, 이 기사를 읽지 말라는 메시지를 넣어야 한다. 게다가 해외로부터 재정 지원을 받으면 아예 러시아 내에서는 광고 수주가 금지되고 국가 지원도 끊긴다. 해외 거주 러시아인이 언론사를 후원해도 해외로부터 지원을 받은 것으로 간주한다.

이 법은 인터넷 언론, 심지어 일반인에게도 적용된다. 해외로부터 어떤 명목으로든 100원이라도 입금을 받으면 정부가 개입할 수 있게 된다. 아마존에서 물건을 구매해도 이 법의 적용을 받는다. 물건이 해외에서 들어오면, 내가 구

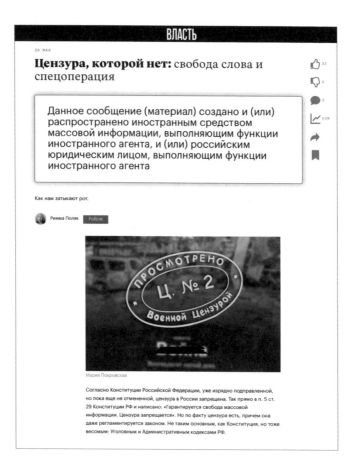

ВЛАСТЬ

26 МАЯ

Цензура, которой нет: свобода слова и спецоперация

Данное сообщение (материал) создано и (или) распространено иностранным средством массовой информации, выполняющим функции иностранного агента, и (или) российским юридическим лицом, выполняющим функции иностранного агента

Как нам затыкают рот.

Римма Поляк   Follow

Мария Покровская

Согласно Конституции Российской Федерации, уже изрядно подправленной, но пока еще не отмененной, цензура в России запрещена. Так прямо в п. 5 ст. 29 Конституции РФ и написано: «Гарантируется свобода массовой информации. Цензура запрещается». Но по факту цензура есть, причем она даже регламентируется законом. Не таким основным, как Конституция, но тоже весомым: Уголовным и Административным кодексами РФ.

러시아 언론 〈리파블릭〉의 한 기사.

보라색 박스 안에 '해외 후원'을 받은 사실을 알리고 있다. 내용은 다음과 같다.

'이 기사(자료)는 해외 에이전트 역할을 하고 있는 러시아 법인, 혹은 해외 에이전트 역할을 하는 해외 언론에 의해 만들어지고 배포됐다.'

ⓒ Republic

매를 했든 아니든 해외에서 지원을 받은 것으로 간주된다. 따라서 나의 SNS도 국가의 통제를 받아야 한다. 즉 아무 말도 할 수 없게 된다는 말이다.

도저히 이해할 수 없는 비상식적인 법이지만 이것이 지금 러시아의 현실이다. 누구든 마음대로 재갈을 물릴 수 있다. 그럼에도 불구하고 소련 시절의 완전한 독재와 1990년대 생지옥과 같은 자유를 경험한 러시아 국민은 작금의 이 상황을 최고의 상태라고 생각할지도 모른다. 보수적인 러시아 어르신들은 정부가 언론을 박살내든 정치인을 탄압하든 한 가지만 생각한다. '어게인 1991'은 절대 안 된다고 말이다.

올리가르히,
그들이 사는 세상

:

올리가르히(Олигархи)는 지금의 러시아가 만들어진 원인과 그 결과라고 볼 수 있는 존재다. 어원은 과두정을 뜻하는 그리스어 올리가르키아(ὀλιγάρχης)다. 정경 유착의 정점에 있는 러시아식 재벌 집단이다. 아마 한국의 '재벌'과 가장 비슷한 의미를 지닌 말이 러시아의 올리가르히일 것이다. 국가를 등에 업고 성장하여 나라를 좌지우지하는 기업 집단. 하지만 러시아 출신인 내가 보기에는 올리가르히와 재벌은 비슷하면서도 다른 면이 있다. 특히 연구자들의 시각이 아닌 러시아 출신 일반인이 보는 시각에서 그렇다. 아마 여러분의 상식으로는 이해하기 어려운 이야기가 많을 수도 있지 않을까 싶다.

러시아 사람들이 생각하는 올리가르히는 약삭빠른 사람들이다. 소련이 붕괴할 때 눈치 빠른 사람들이 시류를 타고 막대한 재산을 축적했다고 본다. 이 과정이 참으로 기가 막히다. 앞서 언급했듯이, 소련 말기에 사회주의 계획 경제 시스템은 완전히 망가져 있었다. 사실상 모든 사람들이 이를 알고 있었다. 모든 것을 책임져 왔던 국가는 손을 놓고 아무것도 제공해 주지 않았다. 당장 생존의 위기를 맞은 사람들은 몽둥이를 들고 크렘린 궁으로 달려갈 기세였다. 소련 해체가 결정됐을 때 반발하는 움직임이 크게 보이지 않았던 이유다. 문제는 해체 방식이었다. 이 이야기를 듣게 된다면 여러분은 타임머신을 타고 1990년대 러시아로 가고 싶어질지 모른다.

— '민영화'라는 이름으로 나라를 팔아버린 러시아

소련 지도자들은 사회주의를 해체하고 자본주의를 받아들이기로 결정했다. 그런데 문제는 소련 사람들 중 누구도 자본주의가 무엇인지를 몰랐다는 점이었다. 그래서 그들은 세계 최고의 자본주의 국가인 미국에 자문을 구했다. 클린턴 대통령은 제프리 삭스(Jeffrey Sachs), 안드레이 슐라이퍼(Andrei Shleifer), 조지 고튼(George Gorton) 같은 경제 전문가들을 러시아에 파견했다. 그들이 처방한 해결책은 '민영화'였다. 시장에 모든 것을 맡기면 자원이 효율적으로 분배된다는 논리였다. 이에 따라 소련은 공항, 철도, 항만, 전력, 석유, 광산 같은 국가 기간산업은 물론 쓰레기 처리까지 모든 자산을 민영화하기로 했다. 하루아침에 말이다.

러시아 정부는 시간이 없었다. 하루 빨리 사람들이 먹고살 수 있는 방법을 마련해야 했다. 그렇지 않으면 굶주린 사람들이 어떤 행동을 할지 몰랐다. 그래서 정부는 국가

지극히 사적인 러시아

의 자산을 인구수로 나눈 뒤 그만큼의 가치를 가진 바우처 (voucher)를 남녀노소 불문하고 모든 국민들에게 나누어 줬다. 이제 생산 수단은 국민들의 것이니 여러분이 시장을 통해 알아서 생존하라는 메시지였다. 더 이상 국가에게 의존하지 말고 자유 시장에 맡기라는 의미였다. 이게 정말이냐고? 아마 한국에서는 고등학생 정도면 어떤 문제가 발생할지 곧바로 예상 가능하겠지만 당시 러시아 지도자들은 그렇지 않았다. 분노한 사람들의 목소리를 가라앉히겠다며 성급하게 이런 결정을 내렸다.

바우처를 받은 사람들은 어리둥절할 수밖에 없었다. 자본주의를 경험해 본 적이 없는 사람들은 그들이 받은 바우처가 곧 기업의 지분이라는 걸 몰랐다. 그래서 시장에서 바우처를 파는 사람들이 나타나기 시작했다. 올리가르히가 등장하기 전까지 말이다. 얼마 지나지 않아 이 바우처를 엄청나게 모은 사람들이 나왔다. 그들은 사람들을 설득하고 어르고 속이고 죽이고 빼앗는 등 수단 방법을 가리지 않았다. 그러고는 국가 기간산업의 주인이 됐다. 말 그대로 화수분을 가지게 된 것이다. 이 과정은 한반도가 일제로부터 해방된 이후 진행한 적산 기업 불하와 비슷해 보이지만, 러시아는 한국과는 규모가 다른 나라다. 지하 자원 매장량만 해도 차원이 다르다.

러시아가 국가 소유 재산을 팔아치웠을 때, 그 결정을

한 정치가들조차도 이게 어떤 의미인지 몰랐다. 오로지 올리가르히들만이 알고 있었다. 그 결과 올리가르히는 순식간에 어마어마한 부자가 됐다. 소련이 붕괴한 해가 1991년인데, 1996년에 옐친이 재선할 때는 이미 올리가르히의 지원을 등에 업고 있었다. 올리가르히가 아니었다면 옐친의 재선은 불가능했을 거라고 보는 시각이 정설이다. 불과 5년 만에 정치를 좌지우지할 정도로 성장한 것이다. 겨우 7명이 러시아 전체 재산의 반 이상을 가지고 있다고 할 정도였다.

국가 기간산업을 인수한 올리가르히는 상상을 초월한 부를 축적했다. 석유와 가스 같은 에너지 자원은 물론 모든 인프라를 장악했으니 돈이 안 벌릴 수가 없었다. 생일 파티에 제니퍼 로페즈 같은 세계적인 할리우드 스타를 부르는 건 평범한 일이었다. 휴가를 가는 데 비행기를 세 대씩 동원하는 경우도 있었다. 한 대는 자기가 탈 비행기, 한 대는 자기 자동차들을 실어 나를 비행기, 나머지 한 대는 키우는 반려 동물 한 마리를 위한 비행기. 올리가르히들은 갑작스럽게 신분이 상승한 자신들을 남들과 구분하기 위해 '말리노브이 비드작(Малиновый пиджак, 산딸기색 재킷)'을 주로 입었다. 아무나 소화할 수 없고 튀는 색이라 러시아에서는 아무도 입지 않는 색상이었기 때문이다.

올리가르히는 세상 부러울 게 없이 잘살았지만 일반

왼쪽 대표적인 올리가르히 로만 아브라모비치. 러시아 최대 정유 기업이었던
시네브네프트(현 가즈프롬 네프트) 회장이었고,
현재 밀하우스 캐피탈을 소유하고 있다. ⓒ Wikipedia

오른쪽 또 다른 올리가르히 올레크 데리파스카.
세계 최대 알루미늄 회사 루살의 회장이다. ⓒ Wikipedia

국민들의 삶은 나락으로 떨어졌다. 블라디보스토크에 살던 어린 시절, 정전으로 공부를 못했다고 핑계를 댈 정도였고, 물이 안 나와서 씻지 않아도 됐다. 민영화된 쓰레기 처리 회사가 쓰레기를 치우지 않아 거리에는 쓰레기가 넘쳐 났다. 그러자 팔뚝만한 쥐들이 들끓으며 사람들까지 공격하기 시작했다. 사실 이렇게 된 데에는 주 정부와 민간 기업 간의 알력이 있었다. 주 정부와 시장 같은 정치인들은 그때까지도 자본주의 원리를 몰랐다. 블라디보스토크 시장이 "전기, 수도, 쓰레기 같은 건 정부가 책임져야 하는데 왜 너희들에게 돈을 주고 써야 하냐"고 반발하자, 기업에서는 "그럼 서비스를 끊겠다"라고 대응한 게 이유였다. 일반 국민 입장에서는 어찌 됐든 지옥 같은 경험이었다. 적어도 소련 시절에는 이런 일이 없었다는 비교가 곧바로 나왔다. 자본주의 체제는 사람들의 삶을 나락으로 빠뜨린다는 인식이 자연스럽게 퍼졌다.

올리가르히의 등장을 보면 의문이 하나 생긴다. 자본주의 선진국인 미국이 어떻게 이런 조언을 한 것일까. 저런 식으로 국가 자산을 국민들에게 균등하게 분배하면 올리가르히 같은 존재가 탄생하리라는 것을 몰랐던 것일까. 경제학을 조금만 공부한 사람이라도 미국이 순수한 의도로 조언했다고는 믿을 수 없을 터다. 러시아인들은 올리가르히의 등장을 보고 속았다는 걸 깨달았지만 이미 늦은 뒤였다.

───── 올리가르히를 숙청하고 그 자리를 친구로 채운 푸틴

푸틴의 등장은 올리가르히들의 운명을 바꾸었다. 푸틴은 올리가르히를 없애겠다는 공약을 내걸고 대통령 선거에 나왔고 당선됐다. 그러고는 실제로 올리가르히를 손보기 시작했다. 대표적인 예가 한때 러시아 최대의 민영 기업이었던 석유 회사 유코스(OJSC)의 오너를 숙청한 것이었다. 2004년 이 회사를 소유했던 미하일 호도르콥스키는 조세 포탈의 혐의로 275억 달러를 추징당했다. 2021년 한국과 러시아 교역량이 약 265억 달러였으니 추징 금액의 규모를 짐작할 수 있을 것이다. 결국 2000년대 고유가로 한창 잘나가던 석유 회사가 순식간에 파산했고 국유화까지 되자 러시아 국민들은 푸틴을 신뢰하게 됐다.

이를 지켜본 올리가르히들은 긴장하지 않을 수 없었다. 푸틴에 반대하던 올리가르히는 더 이상 러시아에 있을 수 없었다. 결국 올리가르히 집단은 '푸틴의 친구들'로 물갈이되어 버렸다. 러시아인들은 푸틴이 올리가르히를 숙청하고 그 자리를 자기 친구들로 채우는 데 대해 별 관심이 없다. 푸틴이 집권한 뒤로 올리가르히들은 1990년대처럼 말도 안 되는 사치를 과시하지 않는다. 튀면 진짜 죽을 수도 있다는 걸 배워서다. 그리고 너무 사치를 부리면 국민들의 눈총을 받는다. 푸틴의 친구가 해먹는 건 용인해도, 대놓고 나대는 것까지 좋다고 해 줄 수는 없는 일이다.

푸틴이 올리가르히를 휘어잡기 위해 본보기로 삼은
유코스 회장 미하일 호도르콥스키.
ⓒ Wikipedia

올리가르히가 되는 방식이 교묘해진 원인도 있다. 지금 러시아 대기업들 중 민간 기업의 경우, 소유자가 교묘하게 숨겨진 경우가 많다. 지주 회사의 지주 회사를 살펴보니 조세 피난처에 위치한 페이퍼 컴퍼니라는 식이다. 이 회사들을 끝까지 추적해 보면 결국 푸틴의 친구들이 나온다. 먹고살기 바쁜 일반인들은 회사 소유주가 누구인지 알 길이 없다. 어쨌든 눈꼴신 행동을 하던 올리가르히들이 눈앞에서 사라졌으니 국민들이 보기에는 속이 시원한 처사였다.

푸틴이 집권한 뒤로 올리가르히에 대한 인식이 많이 좋아진 편이다. 그들이 좋은 일을 해서가 아니라 상대적으로 눈에 덜 띄어서다. 그리고 푸틴의 친구라는 이유만으로 사람들이 그들의 치부를 용인하는 것도 있다. 물론 러시아인들은 올리가르히가 기업가라기보다는 국가의 돈을 해먹는 사람들이라고 본다. 그들이 장악한 산업은 국가 기간산업이나 인프라 사업이다. 기업가 정신으로 일구어낸 분야가 아니다. 이런 측면에서 보면 한국의 재벌들은 올리가르히와 비교되면 억울할지 모르겠다.

한국에서는 올리가르히가 정경유착(政經癒着)의 결정체라는 이유로 정치나 정책에도 영향을 미칠 것이라고 생각한다. 그런데 그렇지가 않다. 이유는 간단하다. 이미 올리가르히들에게 유리하게 사회가 만들어졌기 때문이다. 딱히 개입하거나 신경 쓸 필요가 없다. 정경유착이 아니라 푸틴과 한몸인 수준이다. 그래서 범죄를 저질러도 처벌받지 않는다. 스캔들이 나오면 시끄럽지만 별로 신경 쓰지 않는 눈치다. 왜냐하면 다음 날에는 다른 스캔들이 터져서 전날의 이슈가 묻히기 때문이다.

올리가르히를 보면 러시아의 미래가 밝지 않다고 느낀다. 올리가르히로 인해 러시아는 제대로 된 중소기업을 키우지 못했다. 2000년대 고유가 시대에 번 돈을 재투자하지 못했다. 조금 성해서 이익이 될 것 같으면 올리가르히 소유의 대기업이 삼켜 버린다. 그래서 러시아는 일자리가 부족하고 기업가 정신이 약화되었다. 맨손으로 기업을 일군 이들에게는 더 이상 올라갈 수 없는 천장이 존재한다. 계급을 없애겠다며 등장한 소련이 역사 속으로 사라지자마자 새로운 계급과 피라미드가 등장했다. 1990년대의 체제가 지금도 러시아를 지배하고 있는 셈이다.

지극히 사적인 러시아

러시아는
북한의 친구인가?

:

한국과 러시아는 꽤 먼 나라라는 느낌을 받을 때가 있다. 서로에 대해 가지고 있는 고정 관념이 현실과는 너무 동떨어져 있는 경우가 많아서다. 러시아가 생각하는 한국도 그렇고, 한국이 생각하는 러시아도 그렇다. 이것이 오해를 불러오기도 한다. 그중에는 북한과의 관계도 있다.

한국에서는 러시아와 북한의 관계가 친밀하다고 생각한다. 국제 사회에서 고립된 북한의 뒷배가 중국과 러시아라고 보는 것 같다. 중국이나 러시아 같은 사회주의 국가들이 같은 사회주의 국가인 북한의 뒤를 봐주면서 정권을 유지하는 데 도움을 주고 있다는 이야기다. 이런 말을 들으면 "첫째, 러시아는 사회주의 국가가 아니고, 둘째, 중국이 북한을 어떻게 생각하는지는 모르겠고, 셋째, 러시아와 북한은 사이가 별로 안 좋다"고 대답한다. 대부분은 이 답변을 듣고 놀란다. 고정 관념을 깨려면 한참을 더 설명해야 한다.

러시아와 북한은 사실 사이가 나쁘다고 하기에도 애매한 관계다. 더 정확하게 표현하자면 서로에게 무관심하다고 하는 게 맞다. 러시아 입장에서 북한은 중요한 경제 파트너도 아니고, 이데올로기 측면에서도 먼 나라다. 서로 친해질 필요도, 싸울 필요도 없다. 동아시아 지역 안정과 안보라는 큰 틀에서 보면 신경 써야 하는 나라지만 그 이상도, 그 이하도 아니다.

소련과 북한은 1949년에 처음으로 경제 및 문화 협정을 맺었다. 그러고는 1950년에 발발한 한국 전쟁에서 중국과 함께 북한을 도왔다. 그 당시는 소련과 미국이 냉전을 벌이는 시대였기 때문이다. 전쟁이 끝나고도 소련과 북한은 우호적인 관계를 유지했다. 물론 북한은 항상 소련보다 중국을 더 많이 바라봤고, 중국과 더 많은 경제 교류와 정치적인 협력을 했지만, 소련에서는 항상 북한을 '우리와 함께 사회주의 길로 걸어가는 동무 국가'로 여겼다.

이 구도는 소련이 해체된 1991년에 완전히 무너졌다. 옐친 전 대통령은 동방에 대해 철저히 무관심했다. 동방에 남은 사회주의 국가에 대해서는 더욱 무관심했다. 전무하다시피 했던 두 국가 간의 교류는 2000년대 중반이 돼서야 어느 정도 재개됐다. 러시아가 북한에 관심을 조금 더 가지게 된 때는 2010년대 중반이다. 러시아가 2014년에 크림

1949년으로 추정되는 해에 김일성(앞줄 왼쪽 첫 번째)과
박헌영(앞줄 오른쪽에서 두 번째)을 위시로 하는 북한 대표단이
모스크바를 방문했다.

반도를 합병해 버리자 미국을 비롯한 서방 국가와의 사이가 틀어졌다. 당연히 경제 제재가 뒤따랐다. 러시아는 '동방 유턴' 정책으로 제재에 힘을 빼려는 시도를 했다. 외교의 포커스를 유럽에서 아시아로 돌리겠다는 취지였다. 러시아 대통령의 극동 연방 특사가 평양을 공식 방문했고, 북한과 지리적으로 가까운 연해주와 하바롭스크주의 주지사들도 북한과 회담을 진행했다. 이제부터 이웃 나라 북한과 새로운 시대를 열고, 우호 관계를 새로운 단계로 끌어올리겠다는 등의 화려한 수사가 튀어나왔다. 철도 연결 사업 추진, 수출입 규모 10억 달러 증대, 거래 화폐로 루블화 사용 등 누가 봐도 달성 불가능한 목표를 제시했다.

현실은 전혀 달랐다. 러시아 통상부 통계 자료를 보면, 2017년에 러시아와 북한 간 총수출입은 7,790만 달러(약 908억 원)였다. 2019년에는 4,800만 달러(약 552억 원)로 수직 하락했다. 2019년 자료를 살펴보면, 러시아에서 북한으로의 수출은 4,490만 달러(약 516억 원)로 50퍼센트가 넘는 항목이 석유였다. 북한에서 러시아로의 수출은 300만 달러(약 34억 원)였고, 그중 160만 달러(18억 원)가 악기였다. 북한의 수출액이 서울의 부유한 동네 아파트 한 채 수준인 셈이다. 반면 2019년 기준으로 러시아와 한국 간의 총수출입 규모는 25조 7,000억 원이었다.

그나마 러시아와 북한 간 교류에서 가장 큰 부분을 차

지하는 것은 노동 시장이다. 2000년대부터 러시아는 북한 사람들에게 쿼터제 형식으로 노동 시장을 열고, 노동 인력이 많이 부족한 시베리아와 극동 지역에서 일할 수 있게 했다. 남한 사람들이 본격적으로 블라디보스토크를 여행하기 시작했을 때 마주쳤던 북한 사람들이 바로 그들이다. 블라디보스토크 식당가에 가면 북한 사람들이 직접 운영하는 북한식 냉면집도 종종 볼 수 있는데, 블라디보스토크 시민들에게 상당한 인기다.

블라디보스토크에서는 북한 유학생들도 많았다. 나는 북한 학생들을 직접 만나 본 적이 없지만, 대학교에서 한국어를 공부할 때 외국인 학생 기숙사에 북한 친구들도 있다는 이야기를 많이 들었다. 나는 남한에서 온 친구를 사귀기 위해서 그 기숙사에 많이 갔었는데, 희한하게도 북한 학생들과 마주친 일은 거의 없었다. 유일하게 내가 북한 사람을 만난 일은 대학교 2학년 때였다. 내가 속한 한국학과는 건물이 따로 있었고 다른 과보다 시설이 꽤 괜찮았다. 어느 날 지하에 있는 도서관에서 학과 친구들과 함께 숙제를 하고 있었는데 한국인처럼 생긴 몇 분이 들어와서 우리에게 러시아어로 말을 걸었다. 나이가 좀 있고 러시아어를 원어민처럼 자연스럽게 구사해서 당연히 러시아 사람, 고려인이라고 생각했다. 하지만 이야기를 하다 보니 북한에서 잠깐 방문한 김일성대학교 러시아어학과 교수님들이었다. 너무 놀랐다. 러시아어를 너무 잘해서 본인들이 외국인이라고 밝히지 않았다면 끝까지 눈치 채지 못했을 것 같았다.

2016년에 유엔 안전보장이사회에서 북한에 여러 제재를 가하면서 이러한 인적 교류는 사그라졌다. 2016년 기준으로 러시아에서 일하는 북한 노동자는 공식적으로 약 4만 명 정도였는데, 2019년에는 이 수치가 700명 정도로 떨어졌다. 제재를 가하기 이전에 쿼터를 받은 사람들은 계속 체류할 수 있지만, 현재는 새 노동 비자 발급이 막히면서 사실상 이 분야에서 국가 간 교류는 끝났다고 봐야 한다.

두 나라가 추진하는 공동 사업에는 '하산-나진' 철도 연결 사업이 있다. 러시아와 북한을 가르고 있는 국경 인근에 위치한 하산에는 시베리아 횡단 철도 간이역이 있다. 이 역과 북한의 철도를 연결하면 한반도 철도망 연결 사업이 완성된다는 평가가 많았기 때문에 러시아와 북한 측이 적극적으로 추진하는 사업 중 하나다. 한때 남한도 참여하기로 한 사업이지만 유엔 제재 때문에 참여가 무산됐고 사업 자체가 위기에 빠졌다. 그러니까 홍보만 크게 됐을 뿐 사실상 아무것도 할 수 없는 상태다.

국민대학교의 안드리 란코프 교수 같은 저명한 북한 전문가들의 말을 종합해 보면, 현재 러시아와 북한은 딱히 교류를 진행할 수 있는 게 없다. 러시아가 사회주의를 포기하고 자본주의 체제를 선택하면서 북한과 이데올로기적인

2019년 4월 25일 러시아 블라디보스토크에서 만난 푸틴과 김정은.
러시아 입장에서 북한은 이익이 된다면 손잡아 볼까 고민하는 정도의 상대다.
ⓒ Bloomberg/Getty Images

공통점도 사라졌다. 북한 지도층 입장에서 러시아는 롤 모델이 될 수 없는 나라다. 공산당을 스스로 박살낸 러시아에서 북한이 무엇을 본받을 것인가. 북한 사람들에게 딱히 보여 주고 싶은 사례가 아니다.

그렇다고 해서 러시아와 북한이 일부러 멀어질 필요까지는 없다. 북한 입장에서 러시아는 중국과 더불어 그나마 관계가 좋은 나라다. 러시아는 북한의 주적인 미국을 견제하려고 하는 나라다. 러시아 입장에서도 마찬가지다. '내 적의 적은 내 친구다'라는 논리다.

여전히 러시아는 북한과 경제 교류를 하는 게 바람직하다. 시베리아 횡단 철도를 북한을 거쳐 남한까지 연결해 화물을 운송하고, 가스관이나 석유관을 북한을 거쳐 남한까지 연결해 판매하고 싶어 한다. 러시아 입장에서는 매우 이익이 되는 사업이다.

하지만 북한의 불안정한 정세 때문에 진행되지 못하고 있다. 북한 정권이 사업을 보장하지 않는 이상 러시아 기업이 적극적으로 북한 시장에 뛰어들기는 어려운 모양새다. 설령 북한 정권이 보장을 해 줘도 문제다. '동북아의 깡패' 북한과 사업을 한다는 이유로 제재를 당한다면, 이익보다 손해가 클 수도 있다. 이래저래 말만 무성하고 실제로 손을 잡기는 참으로 애매한 관계다.

지극히 사적인 러시아

사실 러시아 사람들이 남한이나 북한에 대해 어떻게 생각하냐고 물어본다면 정답은 "생각이 없다"고 해야 한다. 한국인이 러시아에 대해 모르는 만큼, 아니 그 이상으로 러시아인들도 남한이나 북한을 모르기 때문이다. 한국의 경우 스마트폰을 잘 만들고 방탄소년단, 블랙핑크, 드라마 '오징어 게임' 같은 문화 콘텐츠로 전 세계적인 인기를 얻고 있다는 정도는 알려져 있다. 하지만 남한이나 북한을 화제로 삼아 얘기를 할 수 있을 정도면 나름 배운 사람 축에 든다.

러시아 사람들은 '코리아'라는 말을 들으면 자연스럽게 북한부터 떠올린다. 소련 시절에는 북한하고만 교류했기 때문이다. '코리아'라는 말이 붙은 학회를 가 보면 거의 다 북한 관련 내용이다. 러시아 사람들과 '코리아'를 화제로 삼아 얘기를 하다 보면 혼란에 빠진 표정을 보기도 한다. 나는 남한에 대한 이야기를 하는데, 상대방은 북한 얘기로 알고 들어서다. '내가 알던 북한 얘기가 아닌데?' 하는 생각이 들면 지금 "코리아(북한) 얘기하는 거 맞아?" 하고 물어 본다. 나는 남한에서 살다 보니 코리아는 당연히 대한민국이지만 러시아에서 우리나라 얘기를 하려면 '사우스 코리아'라고 미리 알려 줘야 한다.

러시아 사람들에게 한국 전쟁을 물어본다면 어떤 반응일까. 대한민국에서는 한국 전쟁을 미국과 소련의 대리전으로 보는 시각이 있던데, 미국이 대한민국의 공산화를 막기 위해 병력을 투입했으니 상당히 설득력 있는 해석이다. 그러나 러시아인들은 한국 전쟁을 남한과 북한의 내전이라고 인식한다. 소련이 북한을 지원했다는 사실 자체도 잘 모른다. 미국과 소련의 대리전이라는 말을 들으면 대단히 의아해할 것이다. 둘이 직접 붙어야 할 문제를 뭐하러 남들에게 맡기겠냐는 반응이다.

러시아에서는 남북한의 구분도 그리 의미가 없다고 생각한다. 독재 국가와 민주주의 국가, 사회주의와 자본주의라는 어마어마한 차이에도 불구하고 자세히 생각해 본 적이 없어서다. 비유하자면, 한국에서 남미의 아르헨티나와 브라질을 인식하는 정도라고나 할까. '남미에 있고 두 나라가 붙어 있다'는 정도가 상식이라고 한다면, 딱 그 정도 거리감으로 남한과 북한을 알고 있다고 보면 된다. 전혀 다른 나라이지만 무엇이 다른지 잘 모른다.

남한과 북한이 얼마나 다른데 그럴 수 있냐는 의문이 들 것이다. 그 이유는 러시아인이 볼 때 북한이 '비정상 국가'가 아니기 때문이다. 일단 러시아인들은 사회주의 체제를 비정상이라고 보지 않는다. 독재도 크게 신경 쓰지 않는다. 북한이 세상에서 유일한 독재 국가가 아니기 때문이다. 핵무기 개발로 제재하는 건 미국의 사정일 뿐이다. '비정상 국가'라는 규정은 오만한 미국이 마음대로 붙인 딱지라는

지극히 사적인 러시아

반감도 있다. 오히려 북한에게 감탄하기도 한다. "미국이 이렇게 압박하는데도 버티네? 쟤네는 깡이 정말 좋구나!" 하는 식이다. 저 콧대 높은 미국을 골탕 먹이고 있으니 나름 통쾌하다는 반응이다.

하지만 북한을 '비정상 국가'로 보지 않는다고 해서 좋게 평가하는 것도 아니다. 러시아인들에게 북한은 반면교사(反面敎師)의 대상이다. 인터넷에서 뉴스를 읽고 댓글을 보면, 러시아인들이 북한의 현실을 이용해 자신의 의견을 개진하는 것을 자주 볼 수 있다. 북한처럼 사회 구조를 만들거나, 체제를 구축하거나, 외교를 하면 안 된다는 인식이 강하다. "러시아가 북한화되고 있다"는 댓글은 러시아가 북한처럼 고립되고 있다는 의미다. "이 법이 통과되면 러시아는 북한이 되어 버려!"라는 댓글은 러시아가 독재 국가가 되고 있다는 우려를 보여 준다. "미국이 도와준 결과는 한국이고 소련이 도와준 결과는 북한이지"라는 말도 나온다. 러시아의 대외 정책을 비판할 때면 달리는 댓글이다. 북한 같은 사회나 경제, 외교 정책을 하면 안 된다는 인식이 강하다.

정리하자면, 현재 러시아와 러시아인들은 북한을 친구로 생각하지 않는다. 최근 러시아가 국제 무대에서 '왕따' 취급을 받으면서 일견 북한과 비슷한 처지가 됐기 때문에 동류로 보일 수도 있겠지만, 러시아에서도 북한은 우호의 대상이 아니다. 별 관심은 없지만 서로 이익이 되는 부분이 있다면 손을 잡아볼까 하고 고민해 보는 정도다. 그러므로 북한과 갈등이 생긴다고 해서 러시아가 개입하거나 문제시 할 거라고 생각할 필요는 없다. 러시아는 북한과 한국이 아니라 미국을 보고 움직인다.

러시아는
한반도의 통일을
찬성할까?

:

한반도를 둘러싼 정세는 복잡하기 이를 데 없다. 인접한 국가인 러시아, 중국, 일본, 여기에 지리적으로 멀리 떨어져 있는 미국까지 모두 한마디씩 말을 보태고 있다. 주변 국가들의 셈법이 다르기 때문이다. 이런 상황에서 우리가 통일을 추진하는 것은 얽히고설킨 실타래를 풀어내는 일보다 더 복잡하고 어려워 보인다.

한국인들이 한반도 주변 국가들을 의구심에 가득 찬 눈으로 바라보는 건 당연하다. 러시아를 바라보는 시선도 마찬가지일 수밖에 없다. '저 북쪽에 자리 잡은 북한의 후견인, 사회주의 국가 러시아가 한반도를, 그리고 통일을 어떻게 바라볼 것인가.' 물론 앞서 말했듯이 러시아는 사회주의 국가도, 북한을 지원하는 나라도 아니다. 이런 오해를 풀더라도 여전히 러시아가 한반도를 어떻게 바라보는지 궁금할 것이다. 이 의문을 풀어내려면 러시아가 한반도 주변국들과 어떤 관계를 맺고 있는지 알아볼 필요가 있다.

러시아가 한반도 주변 국가 가운데 가장 신경 쓰는 나라는 미국이다. 뉴스를 관심 있게 보거나 세계사에 약간의 지식이 있다면 두 나라의 관계를 짐작할 수 있을 것이다. 둘은 차마 전쟁까지는 할 수는 없지만 어떻게든 한 방 먹여야 속 시원한 앙숙이다. 러시아와 미국 간의 관계를 제대로 알려면 양측의 입장을 모두 살펴봐야 한다. 여기서는 '러시아의 시각'을 간략하게 정리해 보려고 한다. 러시아의 시각이 옳다는 의미가 아니다. 한국에서는 아무래도 '미국의 시각'에서 보는 러-미 관계가 훨씬 익숙할 것이다. 러시아가 한반도 정세에 발을 걸친 이상 한국을 위해서라도 러시아의 입장을 이해할 필요가 있다. 국제 관계는 한쪽의 일방적인 입장만 관철할 수는 없는 법이다. 또한 외교는 국내의 여론에도 큰 영향을 받는다. 한국인들이 러시아의 입장을 정확히 파악할수록 더 현명한 결정을 내리는 데 도움이 될 것이다.

미국과 러시아의 사이가 틀어지기 시작한 때는 제2차 세계대전 이후, 소련 시절부터다. 그 이전의 미국은 지금과 같은 강대국은 아니었다. 유럽에 시선이 쏠려 있던 '제국' 러시아는 미국을 동급으로 생각하지도 않았다. 딱히 교류가 없었기 때문에 충돌이나 우호 관계도 존재하지 않았다. 제2차 세계대전 이후 두 나라의 관계가 악화됐다. 미국과 소련 모두 승리의 주역이었지만 전후의 헤게모니는 미국이 가져갔다.

　서구에서는 미국의 참전이 제2차 세계대전에서 승리하는 데 결정적인 역할을 했다고 본다. 그러나 러시아에서는 전혀 그렇게 보지 않는다. 러시아에서는 제2차 세계대전을 '대조국전쟁(Великая Отечественная война, 大祖國戰爭)'으로 부른다. 나폴레옹의 러시아 침공을 막아낸 전쟁을 '조국전쟁(Отечественная войнá, 祖國戰爭)'으로 부르는 데서 나온 말이다. 대부분의 사람들에게 '독소전쟁'으로 알려진 '대조국전쟁'과 '제2차 세계대전'은 같은 의미다. 러시아는 나치 독일의 침공을 소련이 막아낸 덕분에 연합국이 승리했다고 본다. 오로지 소련의 힘으로 대조국전쟁에서 승리했다고 생각한다. 전쟁에서 가장 많은 피를 흘린 나라도 소련이다. 자료에 따라 다르지만 최대 3,000만 명의 소련 병력과 민간인이 대조국전쟁 때 희생됐다. 동부전선에서 상상을 아득히 초월할 정도로 피를 흘리며 나치와 사투를 벌이는 동안 미국은 후방에서 별 희생 없이 전쟁을 치렀다고 생각하는 사람이 많다. 미국이 무기대여법을 통해 소련을 지원한 사실을 아는 러시아인은 거의 없다. 안다고 해도 신경 쓰지 않는다. 미국의 도움 없이도 결국 이겼을 것이라고 생각한다. 즉 소련은 다른 연합국과는 달리 미국에게 진 빚이 없다는 의미다.

　제2차 세계대전에서 막대한 손실을 입은 소련은 국력

이 약해졌다. 그 틈에 시작된 냉전을 통해 미국은 엄청난 혜택을 받으며 슈퍼파워가 됐다. 달러는 기축 통화가 됐다. 가장 뛰어난 민주주의 국가는 곧 미국이라고 선전했다. 미국은 냉전 시기 동안 끝없이 소련을 견제하고 흔들었다. 소련이 흔들리다 결국 무너지자 이를 자신들의 성과로 포장했다. 러시아인들은 소련이 내부 문제 때문에 스스로 해체한 것이라고 생각하지만 말이다.

소련 해체 후 미국은 유일한 초강대국이 됐다. 지금 러시아와 미국의 문제는 이때부터 불거지기 시작했다. 소련 해체 이후 러시아는 미국이 주도하는 질서에 순응하려고 했다. 소련 시절의 연장선으로 미국과 대립하려는 마음이 전혀 없었다. 소련이 해체되는 과정에서 고르바초프는 당시 미국 대통령이었던 조지 부시를 만났다. 고르바초프는 북대서양조약기구(NATO) 해체를 요구하고, 새로운 러시아가 서방 국가와 함께할 것이라고 밝혔다. 적이 없어진 나토는 더 이상 존재할 의미가 없지 않느냐는 요구였다. 하지만 미국은 나토 해체를 거부했다. 대신 그 당시의 나토 가입 국가 외에 새로운 국가가 나토에 가입하는 일은 없을 것이라고 '구두'로 약속했다. 특히 구소련이나 구 공산권 국가의 가입을 추진하지 않겠다고 강조했다. 순진한 고르바초프는 미국을 믿었다. 나중에 푸틴은 이것이 치명적인 실수였다고 주장하며 나토와 충돌하게 된다.

지극히 사적인 러시아

러시아는 북대서양조약기구의 동진을 매우 두려워했고, 지금도 그렇다.
소련 몰락 과정에서 미국에게 나토의 해체 요구를 한 것도 그 때문이다.

나토를 내세운 미국은 1995년 유고슬라비아를 폭격했다. 구 공산권 국가였던 유고슬라비아는 러시아의 영향력이 미치는 곳이었다. 러시아는 미국이 자신을 무시했다며 반발했다. 1999년에는 미국이 유엔 안전보장이사회 동의 없이 그 당시 유고슬라비아의 한 지역이었던 세르비아를 폭격했다. 이는 러시아를 향한 선을 넘은 도발이자 공개적인 선전 포고였다. 세르비아는 민족으로도, 언어적으로도, 종교적으로도 러시아와 상당히 비슷한 우호적인 국가인데다, 나토를 상대로 적대 행위를 한 적도 없었다. 러시아 사람들은 심각한 위협을 느꼈다. 그러나 당시 러시아 대통령이었던 옐친은 미국에 제대로 된 항의를 하지 못했다. 그때 러시아가 미국에 대들 힘이 없었기 때문이지만 러시아인들은 옐친이 클린턴의 비위를 맞추기 위해 아무 말도 하지 않았다고 본다. 지금도 나토의 유고슬라비아 폭격을 묵인했다는 이유로 옐친을 비판하는 사람들이 많다.

미국이 러시아의 뒤통수를 치는 행위는 여기서 끝나지 않았다. 2000년대 초반에는 탄도탄요격미사일협정을 일방적으로 파기하더니, 러시아 영토를 공격할 수 있는 미사일 기지를 체코에 설치하겠다고 발표했다. 푸틴 대통령은 분노를 표했지만 미국은 아랑곳하지 않고 2004년 3월 사회주의권 국가였던 불가리아, 루마니아, 슬로바키아, 슬로베니아를 비롯해 구소련 연방이었던 에스토니아, 라트비아, 리

지극히 사적인 러시아

투아니아를 나토에 가입시켰다. 나토의 확장은 약속을 깨뜨린 행위였다. 이로 인해 이제 나토의 군사력은 러시아 국경에서 100킬로미터도 안 되는 거리에 전개될 만큼 가까워졌다. 러시아는 곤란한 입장이 됐다. 나토의 적국은 누가 봐도 러시아라는 게 확실해졌다. 제2의 냉전 바람이 불기 시작했다.

2008년 조지아가 캅카스 산맥에 위치한 남오세티야 공화국을 폭격했다. 오세티야는 러시아 혁명 이후 남북으로 분단된 뒤 북오세티야는 러시아에, 남오세티야는 자치주로 조지아에 편입됐다. 그리고 소련 붕괴 이후 조지아와 남오세티야는 민족 분쟁을 겪었는데, 마지막에 가서는 조지아가 남오세티야를 폭격한 것이다. 러시아는 군대를 일으켜 남오세티야를 방어했다. 러시아는 친러시아 성향의 남오세티야를 독립국으로 본다. 여기에 조지아의 배후에 미국이 있다고 생각했다. 러시아의 남오세티야 전쟁 개입은 한국전쟁 때 미국이 한국을 도운 것과 마찬가지라고 인식한다.

2014년 미국은 우크라이나 대통령 빅토르 야누코비치를 무력으로 하야시키고, 친미 성향의 대통령을 부정 선거를 통해 선출되도록 했다. 새 대통령은 우크라이나가 나토에 가입하고, 미군을 우크라이나에 주둔케 하겠다고 발표했다. 그러자 푸틴은 이에 즉각 반응하여 크림반도를 합병하기에 이른다. 이때부터 러시아와 미국의 충돌은 초읽기

2008년 8월 남오세티야 지역에 주둔한 러시아.
러시아는 조지아 북쪽, 러시아와 국경을 맞대고 있는 남오세티야를 독립국으로
보고 전쟁에 개입했다. 현재 남오세티야는 미승인 국가다.
ⓒ Burak Kara/Getty Images

에 들어갔다. 러시아의 시리아 내전 참전, 2016년 미국 대선 개입 사건 등이 이어졌고, 러시아와 미국은 서로를 불신하고 적대적인 여론을 형성하고 있다.

러시아의 입장은 이렇다. "우리는 미국과 적대하고 싶지 않다. 그러니 우리를 자극하지 말라. 건드리면 가만있을 수 없다." 서구에서는 러시아가 깡패처럼 행동한다고 본다. 이에 대한 러시아의 입장은 "사기를 친 건 미국인데 왜 나한테만 그래?"이다. 이 차이를 알아야 러시아가 무엇을 원하는지 파악할 수 있을 것이다.

한반도에 대한 러시아의 입장 역시 미국과의 관계 속에서 파악해야 한다. 공식적으로 러시아는 한반도 분단의 책임이 오로지 미국에게 있다고 말한다. 그렇기 때문에 미국이 먼저 나서야 문제를 해결할 수 있다고 거듭 주장한다. 러시아는 2018년 싱가포르에서 열린 북미 회담, 2019년 하노이 회담을 지지했다. 책임이 있는 자가 해결하라는 논리다. 러시아는 사실 6자 회담 같은 데에는 별 관심이 없다. 6자 회담에 참여하는 이유는 미국 때문이다. 본질적으로 남북통일 문제는 남한과 북한이 알아서 해야 할 일이라고 본다. 둘이 해결할 일에 미국, 중국, 일본이 끼니 러시아도 들어가서 존재감을 과시하고 싶은 것이다. 하지만 실질적으로 러시아가 할 수 있는 일은 없다. 한반도 문제에 개입할 만한 힘이 없어서다. 돌아가는 판이 러시아의 마음에 안 들어도 '깊은 우려와 대화 촉구' 말고는 할 수 있는 게 사실상 없다.

러시아 지도자와 북한 지도자가 만나는 이유도 별 게 없다. 푸틴의 첫 임기 때인 2001년과 2002년에 김정일 국방위원장이 러시아를 방문했고, 2011년에는 김정은 국무위원장과 당시 러시아 대통령이었던 메드베데프가 회담을 가졌다. 2019년 하노이 회담 이후에는 푸틴 대통령과 김정은 국무위원장이 블라디보스토크에서 회담을 가졌다. 이 모든 회담은 사실상 무의미했다. 러시아가 이런 만남을 가진 이유는 그저 한반도 문제에서 러시아의 존재감을 드러내고 싶어서다. 다른 나라들에게 러시아를 무시하지 말라는 신호를 보내는 것뿐이다. 북한은 일본, 중국, 미국 말고 다른 나라와도 외교를 하고 있다는 걸 보여 주고 싶어 한다. 러시아와 북한의 관계는 딱 그 정도다.

── '치킨 게임' 중인 러시아와 일본

러미 관계 다음으로 가장 복잡한 관계는 러시아와 일본의 관계다. 내가 만난 한국인들이 러일 관계에 대해 아는 사실은 1904~1905년에 있었던 러일 전쟁, 현재의 남쿠릴 열도 분쟁 정도다. 하지만 항상 그렇듯 현실은 이보다 복잡하다.

결론부터 말하자면, 현재 러시아와 일본의 관계는 막

다른 길이라고 말할 수 있다. 제2차 세계대전에서 비롯된 문제를 아직까지 해결하지 못한 채 끌어안고 있다. 두 나라는 서로를 향해 악다구니를 쓰지만 그것뿐이다. 사견을 말하자면, 두 나라 중 어느 하나가 전향적으로 입장을 바꾸지 않는 한 해결책이 없다고 본다.

우선 꼭 언급해야 할 사실이 있다. 러시아에서 일본에 대한 이미지는 매우 좋다. 일본 만화는 대유행이고, 무라카미 하루키는 러시아 사람들이 많이 좋아하는 작가다. 러시아인들이 보기엔 일본 문화는 매우 이국적이고, 역사는 화려하다. 또 일본의 민주주의와 기술 개발 수준은 존경스러운 수준이다. 러시아에 가 보면 스시를 파는 일본 식당이 엄청나게 널려 있는 것을 확인할 수 있다. 심지어 러시아 기업들은 한국산이나 중국산 제품, 음식을 팔 때도 마케팅 수단으로 일본식 명칭을 붙인다. 그만큼 일본의 인지도가 높다는 이야기다. 내가 대학 입학 지원서를 낼 때만 해도 일본어학과에는 가장 엘리트인 학생들이 지원했고, 인맥이 있어야 입학할 수 있었다. 소위 말하는 '빽'이 있어야만 들어갈 수 있을 정도였다는 말이다. 이는 러시아인 입장에서는 매우 자연스럽지만, 내가 만나 본 한국 사람들 대부분은 엄청 놀란다. 두 나라 간에 전쟁도 있었고, 아직까지 해결되지 못한 영토 분쟁도 있는데, 어떻게 일본에 대해 이렇게 우호적일 수 있냐는 거다.

내가 보기에는 한국인과 러시아인이 역사를 대하는 태도가 달라서인 것 같다. 러시아 국민 중 99.99퍼센트는 러일 전쟁을 '기억하지 않는다'고 보면 된다. 역사 수업에서 러일 전쟁을 배우기는 하지만, 러시아인들은 이미 100년 넘게 지난 일을 기억하는 게 무슨 의미가 있냐고 생각할 것이다. 당시의 러시아와 일본은 지금과는 다른 나라였다고 말할 수도 있다. "역사를 잊은 민족에게 미래는 없다"고 말하는 한국인들 입장에서는 정말 이해하기 어려울 것이다.

현재 진행형이지만, 남쿠릴 열도 분쟁을 대하는 태도 역시 역사 문제를 대하는 태도와 비슷하다. 일본이 러시아의 열도를 탐낸다고 해서 러시아 사람들이 일본 제품 불매 운동을 벌이거나, 일본 여행을 자제하지는 않는다. 일상은 역사나 정치와 상관없다고 생각한다. 남쿠릴 열도 분쟁이 하루 이틀 새 벌어진 문제도 아니고 19세기부터 지속된 일이니 말이다.

쿠릴 열도는 캄차카반도와 홋카이도 사이에 걸쳐 있는 약 56개의 섬이다. 원래 아이누족을 비롯한 여러 원주민들이 살았던 곳이고, 국가가 존재하던 땅도 아니었다. 러시아 기록에 따르면, 17세기 중반 경부터 러시아인들이 이곳 원주민들과 교역을 했고, 18세기 초에는 표트르 1세가 쿠릴 열도 원주민들을 러시아 국적에 편입시키라는 명령을 내려 어느 정도 성과를 거두었다. 물론 일본 측 주장은 정반대다.

쿠릴 열도. ⓒ Getty Images

17세기 중반 에도 막부 시절에 쿠릴 열도가 일본의 영토였다고 주장한다. 내가 보기에는 18세기 중반까지 쿠릴 열도를 직접 지배한 이는 러시아도 일본도 아닌 원주민이 아닌가 싶다.

엉뚱한 이들이 쿠릴 열도의 주인을 자처한 건 1855년 러시아 제국과 일본 에도 막부가 화친 조약을 맺은 때부터다. 두 나라는 국경을 이투루프 섬과 우루프 섬 사이로 정하고, 사할린을 양국 공동 거주지로 삼았다. 그러다가 1875년 러시아의 남하 정책에 위협을 느낀 일본이 사할린 섬을 러시아 영토로 인정할 테니, 쿠릴 열도 전체를 일본 땅으로 인정해 달라고 러시아에 제안했다. 그렇게 해서 맺어진 조약이 상트페테르부르크 조약이다. 조약의 유효 기간은 길지 못했다. 1905년 러일전쟁에서 패한 러시아는 포츠머스 조약으로 쿠릴 열도 전체와 사할린 섬 남쪽을 일본에게 넘겨 줄 수밖에 없었다.

러시아가 쿠릴 열도를 다시 손에 넣을 기회를 잡게 된 것은 제2차 세계대전 때다. 1945년 얄타 회담에서 미국이 소련에게 대일 전쟁 참전을 요구하자, 소련은 그 대가로 러일전쟁에서 일본에게 빼앗긴 영토 회복은 물론 쿠릴 열도를 되돌려 줄 것을 요청했다. 미국은 그 조건을 받아들였고, 소련은 1945년 8월 9일 일본에 선전 포고를 하고 전쟁에 참전했다.

전쟁이 끝난 지 6년이 지난 1951년 샌프란시스코 강화 조약에서 일본은 '쿠릴 열도에 대한 일체의 권리와 소유권 및 청구권'을 포기했으나, 정작 소련은 조약에 서명을 하지 않았다. 조약 작성에 소련이 초대되지 못했을 뿐 아니라, 일본의 재무장을 막을 장치가 없고, 일본의 가장 큰 피해국인 중국이 조약에 참여하지 못했다는 사실을 들어 서명하지 않은 것이다. 그럼에도 쿠릴 열도는 얄타 회담 약속대로 소련 땅으로 자연스럽게 귀속됐다.

쿠릴 열도 문제가 재점화된 것은 1956년이었다. 그해 초 일본은 쿠릴 열도 남부에 있는 시코탄 섬과 하보마이 군도가 쿠릴 열도가 아니라 홋카이도의 일부라고 주장하고 나섰다. 같은 해 스탈린 사망 후 외교 노선을 바꾼 소련은 일본과 평화 조약 협상에 들어갔는데, 일본을 미국 영향권에서 벗어나도록 하기 위해 조약의 대가로 시코탄 섬과 하보마이 군도를 넘기겠다고 제안했다. 하지만 미국의 개입으로 일본은 다시 쿠릴 열도 전부를 요구했고, 소련과 일본 간의 평화 조약 협상은 결렬됐다.

1960년 미국과 일본이 안보 조약을 맺자 소련은 시코탄 섬과 하보마이 군도를 넘기겠다는 약속을 취소했고, 영토 분쟁 자체를 부정하는 입장을 취했다. 이후 일본은 쿠나시르 섬과 이투루프 섬에 대해서도 반환을 요구했다.

조용했던 영토 문제는 1991년 소련이 붕괴되면서 다시

도마에 올랐다. 1991년 고르바초프는 일본 방문 당시 두 나라 간의 영토 분쟁 문제 존재를 공식적으로 인정했고, 평화 협정 논의를 다시 시작했다. 하지만 러시아와 일본은 여전히 평행선을 달렸다. 러시아는 1945년 일본이 제2차 세계대전에서 패배하면서 포기한 땅은 러시아 영토라고 주장했다. 단, 평화 협정을 맺으면 1956년 약속에 따라 남쿠릴 열도의 두 개 섬을 양도하겠다고 했다. 하지만 일본은 제2차 세계대전 패배 후 영토를 포기한 사실을 부정하면서 1855년 협정에 따라 문제를 해결하자고 한다. 러시아가 아무 조건 없이 남쿠릴 열도를 전부 양도해야 평화 협정이 가능하다는 입장이었다. 막다른 길이었다.

2000년대 초반 고이즈미 준이치로 전 총리도, 2010년대 아베 신조 전 총리도 이 문제를 해결하려고 노력을 많이 했다. 하지만 남쿠릴 열도 중 일부만이라도 받자는 일본 내의 일부 주장은 거센 반대 여론에 부딪쳤다. 러시아에서도 일본에게 단 한 뼘의 영토도 내주지 말라는 여론이 거세졌다. 푸틴 대통령도 평화 협정을 하면 남쿠릴 열도 일부를 양도하겠다는 입장을 철회했다. 남쿠릴 열도 전부를 러시아 땅으로 인정해야 평화 협정이 가능하다는 의견이 굳건해졌다.

이런 상황에서 러시아와 일본이 한반도 문제를 두고 머리를 맞대는 모습을 기대하기 어렵다. 더군다나 일본은 미군이 주둔하는 나라이고, 워낙 친미 국가이기 때문에 푸틴 대통령이 얕잡아 본다는 평가가 많다. 영토 분쟁 같은 중요한 이슈조차 미국의 말에 따라 입장을 획획 바꾸는 꼭두각시로 본다는 것이다. 러시아는 한반도 문제 당사자인 남한과 북한 말고는 다 빠져야 하고, 다른 나라가 들어온다고 해도 일본은 굳이 들어올 이유가 없다고 본다. 어차피 미국 입장을 따라갈 나라인데 뭐하러 들어와서 목소리를 내냐는 인식이다. 미국의 허락을 받아야 한다면 굳이 일본과 직접 대화할 필요가 없다는 말이다.

── 의외로 친해진 나라, 중국

러시아가 아시아 지역에서 진지하게 대하는 국가는 중국뿐이다. 러시아 입장에서 중국은 매우 중요한 경제 파트너인데다 미국에 대항하는 체제를 구축하는 데 도움이 되는 우방 국가다. 하지만 역사적으로 볼 때 러시아와 중국이 친선 관계가 된 건 얼마 되지 않았다. 오히려 친구인 시절이 거의 없었다고 해도 무방하다.

18~19세기 러시아 제국은 시베리아를 넘어 극동 지역으로 적극적으로 진출해 지배력을 확대하고 싶었다. 국력이 점차 쇠락해 가던 중국은 이 지역을 두고 러시아와 패권을 다퉜지만 결국 러시아 제국이 승리했다. 러시아는 연해

주 지역과 하바롭스크 지역을 중국으로부터 빼앗았다. 그래서일까. 중국 내에서는 러시아로부터 원래 중국의 영토를 가져와야 한다는 목소리가 종종 나온다. 물론 현 중국 정부는 공식적으로 이런 의견을 피력한 적도 없고, 이런 목소리가 있다는 사실 자체도 인정하지 않는다. 하지만 러시아 내 중국 전문가들은 이 영토 문제가 언젠가는 중국이 러시아를 압박하는 수단이 될 것이라며 경계한다.

20세기 때도 소련과 중국의 관계는 우여곡절이 많았다. 1920년대 소련은 장제스(蔣介石)의 중국 국민당을 원조하며 큰 성과를 거두었다. 이후 장제스가 공산당원을 체포하고 소련의 지원을 거부하면서 단교에 이르렀다. 하지만 1930년대 일본이 중국 대륙에 진출하고 소련까지 침략하면서 두 나라는 함께 싸우는 처지가 됐다. 1945년 일본 패망 후에는 본격적으로 중국을 돕기 시작했다. 덕분에 마오쩌둥(毛澤東)이 집권했고, 1949년 10월 2일 중화인민공화국이 선포된 바로 다음 날에 전 세계에서 맨 처음으로 중국을 국가로 인정해 줬다.

화기애애한 분위기는 1960년부터 달라졌다. 1960년 당시 중국은 소련의 탈스탈린주의와 수정주의를 비판했다. 이를 두고 소련 공산당이 중국에 대해 반발하며 두 나라는 단교 단계까지 이르렀다. 그로부터 약 30년 동안 양국 관계는 매우 나빴고, 심지어 무력 충돌이 벌어지기도 했다.

지극히 사적인 러시아

1969년 5월 6일 우수리강에서 어업을 하고 있던 중국인 어부를 향해
소련 선적이 물대포를 쏘고 있다. ⓒWikipedia

1989년 고르바초프가 중국을 공식 방문하면서부터 소련과 중국은 조금씩 화해 무드로 접어들었다. 푸틴이 권력을 잡은 뒤로는 본격적으로 관계가 개선되기 시작했다. 2001년 총협력 및 우호 협정이 맺어졌고, 2005년에는 마지막으로 남아 있던 영토 분쟁을 해결했다. 아무르강 가운데 있는 작은 섬들의 소유권이 불분명했는데 푸틴이 통 크게 다 중국으로 넘겨 버린 것이다.

　　정치적인 걸림돌이 해결되자 양국 간 무역과 교류가 급속도로 늘기 시작했다. 2012년에 계약한 석유관 '시베리아의 힘'은 2019년에 열렸다. 참고로 2020년 기준, 러시아와 중국의 총수출입 금액은 1,077억 달러(약 124조 원)에 달했다. 이 수치는 2019년 코로나19 때문에 7퍼센트나 하락한 숫자다. 러시아 해외 수출입 주요 파트너를 살펴보면, 유럽연합 전체가 중국을 약간 앞지르긴 하지만, 국가별로 따져 보면 중국이 압도적인 1위다. 2위는 419억 달러(약 48조 원)를 차지한 독일이다. 한국과 러시아 간의 총수출입 금액은 196억 달러(약 22조 원)로 러시아의 교역 파트너 중 8위였다.

　　현재 푸틴과 시진핑은 기회만 있으면 서로 친구라고 부른다. 특히 2014년부터 러시아는 서방의 강한 경제 제재를 받자 동방 유턴 정책을 발표하면서 중국을 '전략적 동반자'로 치켜올리기 바쁘다. 중국은 러시아의 크림반도 합병,

말레이시아 여객기 추락 사건, 러시아 반정부 인사 독살 시도 등에 대해 침묵을 지킨다. 러시아 역시 중국의 홍콩 시위 무력 해산, 위구르족 인권 문제 등을 지적하지 않는다. 나는 중국어를 못해서 중국 내 러시아 관련 여론과 공식 입장을 알 수 없지만, 러시아 국영 방송사나 친정부 언론에서는 홍콩 문제나 위구르족 문제를 아예 합리화하거나 정당화하는 기사를 많이 봤다.

하지만 러시아 입장에서 보면 둘 사이의 관계가 썩 아름다운 우정처럼 보이지는 않는다. 둘이 친해 보이지만 실상은 국익이 완전히 일치하는 건 아니다. 지금은 그냥 껄끄러운 말을 입 밖에 내지 않을 뿐이다. 중국의 경제 규모는 러시아 경제를 압도한다. 세계적인 영향력도 중국이 러시아를 넘어섰다. 사사건건 미국과 부딪히는 러시아와는 달리 중국은 미국과 심각하게 붙을 생각이 없다. 공식적으로 중국은 미국과 패권을 놓고 드잡이할 의도를 표현하지 않는다. 하지만 압도적인 경제력을 바탕으로 전 세계에 영향력을 행사하려는 야망은 충분하다. 중국 입장에서 러시아는 미국을 견제할 제물일 뿐, 전략적인 동반자는 아니라는 분석이 나오기도 한다. 이런 탓에 러시아의 반정부 언론에서는 '러시아는 중국의 동생'이라는 표현까지 등장했다.

지금 상황에서 러시아는 한반도 문제에 대해 중국의 입장을 그대로 따라갈 가능성이 높다. 중국이 러시아와 우크라이나에 개입하지 않는 것처럼, 러시아 역시 중국과 한반도의 관계에 관여하지 않으려는 마음이 보인다. 유럽에서 미국에 맞서는 나라는 러시아, 아시아-태평양에서 미국에 맞서는 나라는 중국. 이 구도가 현재로서 어느 정도 형성된 것 같다.

개인적으로 이런 상황은 아쉽다. 한반도에 위치하는 두 국가의 통일을 제일 환영하는 나라는 바로 러시아이기 때문이다. 가까운 미래에 통일이 된다면 가장 많은 이익을 볼 나라가 한국과 러시아이기 때문이다. 철도 연결 사업, 자원 무역, 물류 허브 형성 등은 양쪽 모두에게 윈윈이 되는 상황이기 때문이다.

몇 년 전 내 유튜브 채널에 올리기 위해 블라디보스토크에 가서 시민 인터뷰를 한 적이 있다. 블라디보스토크 시민들이 한국을 얼마나 아는지 보여 주기 위해 촬영한 것이었는데, "남한과 북한이 통일이 될 수 있다고 생각하느냐"라는 질문을 했다. 내가 인터뷰한 모든 사람들은 나이, 성별, 교육 수준과 무관하게 "당연히 될 것이다"라고 답했다. 독일도 결국 통일됐고, 베트남 사례도 있는데 한국만 예외는 아닐 것이라는 이야기였다. 같은 민족이니 당연히 한 나라에 살아야 한다는 의견은 모두가 한결같았다. 그래서 러시아 정부 입장이 무엇이든, 최소한 러시아 국민들은 한반도 통일을 긍정적으로 바라본다고 말하고 싶다.

PART III.

러시아의
일상

러시아에는
네 종류의
인간관계가 있다

:

정확하게 번역하기 어려운 단어와 개념 들이 있다. 한국어의 '정(情)'이나 '한(恨)' 같은 단어가 그렇다. 뉘앙스를 제대로 살려서 다른 말로 옮기기 힘들다. 러시아어도 마찬가지다. 뜻밖일 수도 있지만, '친구'라는 말이 그렇다. 한국에 오기 전에 한국어의 '친구'라는 말이 러시아어의 '드룩(друг, 가까운 사람)'에 해당된다고 배웠다. 하지만 한국에 와서 보니 전혀 다르다는 걸 알게 됐다.

　"일리야 씨는 몇 년생이에요?"

　"82년생입니다."

　"오, 그래요? 나도 82년생인데! 친구네!"

　뭐지 싶었다. 같은 해에 태어났다는 이유로 처음 만난 사람을 친구라고 하다니! 도무지 이해할 수 없었다. 러시아에서 친분의 수위는 나이와 전혀 상관없기 때문이다. 물론 러시아어에도 같은 해에 태어난 사람을 가리키는 말이 있다. 그런데 그 말은 문자 그대로 '같은 해에 출생한 사람'이라는 뜻이지, 친분 관계가 내포돼 있지 않다. 출생 연도와 우정의 수위가 서로 상관관계가 있다는 개념은 교실에서 전혀 배우지 못한 것이었다.

나이를 따지는 문화가 없는 러시아는 사람 사이의 관계를 친근감의 수위로 따진다. 이에 따라 관계를 표현하는 말도 다르다. 크게는 네 가지로 분류할 수 있다.

첫 번째는 '드룩(друг)'이다. 러한 사전을 찾아보면 '친구'로 번역돼 있지만, 그냥 친구보다 더 깊은 의미다. 한국에서는 관계를 맺을 때 무언가 공통점을 많이 찾는다. 같은 해에 태어났거나, 직장 동료, 같은 지역처럼 하나로 묶을 조건이 있어야 더 편하게 다가가는 것 같다. 하지만 이런 게 모두 다 맞아 떨어져도 러시아에서는 신경 쓰지 않는다. 이런 이유만으로 깊은 관계를 맺을 수 있을까 의심한다.

러시아 사람들에게 드룩은 '단짝 친구', '죽마고우', '서로를 아주 오랫동안 알고 지내며 나에게 가족보다 더 가까운 사람 정도의 의미다. 그래서 아무나 드룩이라고 부르지 않는다. 다른 사람이 나에게 드룩이 되려면 우선 서로 알고 지낸 기간이 상당해야 한다. 어제 만나고 오늘부터 드룩이라고 하기는 어색하다. 초·중·고 시절을 함께 보내고, 고민을 나누며, 도움을 주고받는 사이여야 한다. 드룩은 나의 연애사, 나의 깊은 비밀, 부모님도 모르는 나의 속마음을 아는 사람이다.

이 관계가 어느 정도냐 하면, 만약 같은 직장에서 나와 드룩이 함께 일하는데 나만 승진하겠다 싶으면 승진을 양

나의 '드룩' 폴리나 아스따피예바(Polina Astafieva).
나와 함께 한국에 온 대학 1년 선배이자 23년 지기다.
ⓒ Belyakov Ilya

보할 정도다. 내 이득을 위해 드룩을 희생하거나 상처 입히는 건 상상도 할 수 없다. 곽경택 감독의 영화 '친구'에 나오는 인물들은 러시아에서 보면 절대 친구가 아닌 것이다. 러시아에서는 이사를 갈 때 드룩을 부른다. 이삿짐을 나르다 보면 내 사생활이 모두 다 드러나는데, 이걸 절대 남에게 보여 주고 싶지 않아서다. 내가 이사하는 날에 못 온다고 하면 그 친구는 드룩이 아니다.

극단적으로 말하면, 나의 드룩이 범죄를 저질렀다면

숨겨 주고 도망치게 해 주지 절대 신고하지 않는다. 드룩을 버리느니 법을 어기는 게 낫다고 여긴다. 러시아에서는 서구 사람들의 인간관계가 너무 얄팍하다는 편견을 가지고 있는데 이런 이유 때문이다. 친구는 친구다. 그 사이에는 그 어떤 것도 침범할 수 없다. 법을 어겼다고 친구나 가족을 신고하는 일은 있을 수 없다. 하늘 아래 제일 중요한 사람은 나의 드룩이다. 그래서 폐해도 있다. 드룩을 연결 고리로 삼은 비리나 부정부패에 아무런 문제의식을 가지지 않아서다.

드룩에는 남녀가 따로 없다. 남자끼리, 여자끼리만이 아니라 남녀 관계에서도 드룩이 있다. 내 드룩 중에도 여성들이 있다. 그중 한 명이 한국에 올 때 같이 왔던 1년 선배다. 알게 된 지 23년 정도 됐는데 결혼해서 아이가 둘이고 지금은 텍사스에 살고 있다. 만약 내가 미국에 갈 일이 생긴다면 나는 무조건 텍사스의 그 친구 집에서 묵어야 한다. 호텔을 잡거나 하면 엄청나게 삐질 거다.

관계가 깊은 만큼 이런 친구는 많을 수 없다고 러시아 사람들은 생각한다. 러시아 기성세대가 좋아하는 말 중에 "드룩이 많다는 건 드룩이 없다는 이야기다"라는 격언이 있다. 진정한 친구가 많을 수 없다는 의미다. 아는 사람이야 많을 수 있지만, 진정한 친구는 한 명이거나 많아야 몇 명밖에 안 된다는 게 러시아인들의 생각이다.

드룩보다 약간 아래 단계로 볼 수 있는 관계는 '쁘리야뗄(приятель)'이다. 원래 '좋아하다', '호감이 가다'라는 표현에서 나온 말이다. '같이 있으면 마음이 편하고 호감이 가는 사람'을 의미한다. 친구까지는 아니지만 같이 있으면 편하고 내가 굳이 마음에 방어벽을 세우지 않아도 어느 정도 믿을 수 있다. 한국어로 따지자면 '친구'와 '아는 형 또는 오빠' 사이에 있는 관계라고 할까.

쁘리야뗄은 친구가 아니다. 내 사생활을 공유할 정도는 아니다. 같은 반 학생들과의 관계를 떠올리면 쉽게 이해할 수 있다. 같은 반에 아이들 중에는 친소 관계에 따라, 친한 사이, 좀 덜 친한 사이, 서먹한 사이, 앙숙이나 경쟁 관계에 있는 아이가 분명 있다. 쁘리야뗄은 이중에 '덜 친한 사이' 정도인 아이를 말한다. "우리 친해요"라고 하기엔 애매한 관계다. 쁘리야뗄은 같은 동네에 살거나 취미를 공유할 수도 있고, 같은 여가 생활을 즐길 수도 있다. 서로의 SNS를 팔로우하기도 하고, 가끔 만나서 커피 한잔을 즐기기도 한다. 하지만 우리 부모님이 갑자기 쓰러지셔서 입원하거나, 애인과 헤어져서 술을 진탕 마셔야 할 때 부르는 사람은 아니다.

'다바리쉬(Товарищ)'라는 말은 원래 '학우', '동료'라는 의미다. '같은 업무나 같은 일을 하는 사람'이다. 같은 반 아이나 같은 직장 동료, 같은 단체에서 활동 중인 사람을 가리키기도 한다. 아예 모르는 사람은 아니지만 드룩도 쁘리야뗄도 아니다. 개인 관계보다 사회 속 관계를 강조하는 호칭이다.

이 호칭은 소련 시절에 국민들이 서로에게 말을 걸 때 불렀던 것이다. 남한이나 북한에서는 '동무'라는 말로 번역되었다. 북한에서는 아직도 '동무'라는 말을 쓰고 있지만, 남한에서는 북한이 떠오른다는 이유로 거의 쓰지 않는 걸로 알고 있다. 이 말은 우리는 다 같은 일원이며, 같은 목표를 향해 달리고 있다는 취지로 쓰였다. 하지만 소련이 몰락한 뒤 '다바리쉬'라는 말은 너무 사회주의 냄새가 나는 말이 되어 버렸다. 그래서 지금의 한국이 동무라는 단어를 거의 쓰지 않는 것처럼 러시아에서도 거의 사장된 단어가 됐다. 그래도 같은 단체, 같은 직장에서 동료를 부를, 다바리쉬를 대체할 호칭이 필요해서 요즘은 영어에서 단어를 빌려 왔다. 그게 바로 '깔례가(Коллега, 영어의 colleague)'다. 현재 다바리쉬는 주로 농담을 하거나 비꼴 때, 군대 동기에 대해 이야기할 때, 혹은 기성세대의 대화에서 가끔 들을 수 있다.

—— 한국인이 러시아에 적응할 수 있는 이유

'즈나꼬믜이(Знакомый)'는 '알다'에서 온 호칭이다. 말 그대로 '지인' 또는 '아는 사람'이라는 뜻이다. 여기에 미묘한 뉘앙스가 있다. 단순히 내가 어딘가에서 한 번 봤고 인사를 나눈 적이 있는 사람을 뜻한다기보다, 지속적인 관계를 유지하면서 '필요할 때 나에게 도움이 될 수 있는 사람'을 의미한다. 물론 개인 친분이 아니라 사회적 친분이 있다는 말이다.

"여권 신청해야 하는데 법대로 하면 한 달 걸린다네?"

"괜찮아, 구청에 아는 사람 있어. 걔한테 전화하면 일주일 만에 나올 걸?"

이런 대화는 러시아에서 일상적이다. 인맥의 중요성을 잘 보여 주는 대화라고나 할까. 여기서 '아는 사람'은 마법사처럼 복잡하고 어려운 문제를 풀 수 있는 수단이고, 일반적으로 접근하기 어려운 사람에게 다가갈 수 있는 지름길이다. '아는 사람'을 통해 대중에게 숨긴 정보를 얻을 수도 있고 법적인 절차를 건너뛸 수도 있다.

내가 아는 외국인 친구 중에는 러시아에서 살아 본 친구가 많다. 미국인 친구, 한국인 친구, 유럽 친구 등 다양하다. 그런데 러시아에서 적응이 가장 빠르고, 성공하는 사람들은 대부분 한국인이다. 미국인들은 법과 절차를 중요시하는 문화라서 인맥이 훨씬 더 중요한 러시아에 오면 당황해한다. 한국인들은 상대적으로 인맥의 중요성을 제대로 이해하고 있다. 어찌 보면 러시아 사람과 크게 다르지 않다. 이게 불편한 진실인지 아니면 한국과 러시아가 더 가까워질 수 있는 긍정적인 신호인지는 잘 모르겠다. 단 러시아에서 한국인의 적응력이 빛을 발할 수 있다는 건 사실이다.

스무 살이면
어른

:

한국에 와서 러시아와 한국이 참 많이 다르다는 걸 느낀 지점들이 있다. 그중 하나가 가족 문화다. 가장 인상 깊었던 부분은 한국의 대가족이다. 러시아와는 달리 한국은 대가족인 것 같다고 얘기하면, 대부분 한국 친구들은 의아한 표정을 짓는다. 1970~1980년대라면 몰라도 지금은 드라마에서나 볼 수 있는 가족 형태라는 얘기다. 내가 말하는 지점은 물리적 구성이 아니라 정신적 유대다. 한 지붕 아래에서 살지 않고 분가를 한다고 해도 가족들 간의 관계가 단단하고 깊다고 느꼈다. 서로 연락도 자주하고, 무슨 일이 생기면 의논하고, 정서적으로 의지하는 면도 보인다.

러시아에서는 독립하면 부모님이나 형제자매의 집에 방문하거나 모두 모이는 일이 별로 없다. 그나마 모인다면 새해를 맞을 때 정도다. 그때는 한국의 설날처럼 가족들이 모인다. 평소에도 잘 모이는 집안도 있긴 하지만 대개 그렇지 않다.

솔직히 말하면 가족 문화에 대해 내가 이야기할 자격이 있는지 모르겠다. 나는 어쩌면 극단적인 집안에서 자랐을 수도 있어서다. 내 가족 구성원은 너무 적다. 형제도 없고, 내가 중학교 때쯤엔 부모님 사이가 멀어져서 별거를 하셨다. 그래서 나는 엄마와 둘이서 살았다. 친척들도 없다. 아니, 있지만 무의미하다고 보는 게 맞겠다. 만난 적이 없어서다. 나는 친가와 외가에 할머니와 할아버지가 존재하는지도 모르고 자랐다. 지금도 사실 살아 계신지, 벌써 돌아가셨는지 모른다. 엄마와 아빠 모두 블라디보스토크 출신이 아니기 때문에 아마 다른 지역에 살고 계신 할머니와 할아버지를 찾아뵈려면 '일생의 각오' 비슷한 느낌으로 다녀와야 했을 터다. 다른 친척들도 마찬가지다. 나로서는 태어나서 얼굴 한 번 못 본 사람한테 가족이라는 태그를 붙이기는 어려울 것 같다.

—— 스물, 자유가 아닌 책임을 지는 시기

러시아 시골 지역에서는 몇 세대가 한 지붕 아래 사는 모습을 볼 수 있기는 하다. 하지만 대도시에서는 그런 경우가 드물다. 모스크바나 상트페테르부르크 같은 도시는 서울과 별 차이가 없다. 차이가 나는 부분은 독립 개념과 독립하는 시기다. 사람마다 혹은 가정마다 상황이 다르겠지만 대부분 러시아 사람들은 고등학생 시절까지 부모님과 같이 사는 건 당연하지만 대학생 때부터는 독립해야 한다고 생각한다.

여기에는 국토의 크기가 한몫한다. 어디에서 대학교를 다니든 하루면 고향에 갈 수 있는 한국과는 달리 러시아에서는 집에 가려면 며칠이 걸리기도 하기 때문이다. 모스크바에서 태어나서 모스크바 소재 대학교에 입학한다면 부모님과 함께 살면서 학교를 다니는 게 자연스럽다. 하지만 그렇지 않은 경우가 대부분이다. 보통은 고향이 아닌 다른 도시의 대학교에 입학한다. 그 다른 도시가 옆 동네 수준이 아니라 아예 러시아 끝에서 끝으로 가는 경우도 있다.

내가 공부했던 블라디보스토크대학교에서도 그런 학생들을 많이 볼 수 있었다. 블라디보스토크대학교의 한국학과는 러시아에서도 유명하다. 그래서 한국어와 한국 문화를 배우러 러시아 전역에서 학생들이 온다. 블라디보스토크가 지리적으로 한국과 가깝고 한국인 유학생도 많으니 공부에 더 도움이 되리라는 이유도 있다. 몇 년 전 우리 과 학생들과 만났을 때는 무려 칼리닌그라드에서 온 학생이 있어 매우 놀랐다. 칼리닌그라드는 러시아에서 가장 서쪽에 있는 도시다. 폴란드 국경과 맞닿아 있어 블라디보스토크와는 멀어도 너무 멀다. 블라디보스토크까지 직항로도 없다. 모스크바를 경유해야 하는데 비행시간만 12시간이 넘는다.

이렇게 집을 떠나 대학교에 진학한 학생들은 고향을 방문하기가 쉽지 않다. 너무 멀어서 대학교에 다니는 내내 고향에 한 번도 못 가는 학생들도 많다. 그래서 자연스럽게 일찍 독립하는 사람들이 많다. 분위기가 그렇기 때문에 보편적으로 스무 살이 되면 어른 취급을 받고 혼자 공부하거나 돈을 벌어 독립해야 한다고 생각한다.

나는 같은 도시에 있는 대학교에 진학했기 때문에 따로 독립하지 않고, 한국으로 떠나기 전까지 엄마와 함께 살았다. 대학교에서 공부할 때 우리 반 친구 중에는 나 말고도 부모님과 같이 사는 이들이 드물지만 있었다. 주로 블라디보스토크에 집이 있는 친구들이었다. 다른 지역에서 온 친구들은 기숙사에 살거나 세를 들었다. 그 친구들은 여전히 부모님 집에서 사는 우리를 살짝 얕잡아 봤다.

아직 사회생활을 제대로 시작하지 않은 대학생들은 그나마 곱지 않은 시선을 피할 수 있지만, 대학교를 졸업하고 취직한 뒤에도 부모님과 같이 사는 건 도무지 이해하지 못한다. 돈을 번다는 것은 독립을 의미하는데, 월세를 아끼려고 부모와 함께 사는 것은 꼼수이며 무책임한 행동으로 여긴다. 이것은 나도 같은 생각이다. 지금 내 주변에도 서른이 훌쩍 넘었지만 부모님과 같이 사는 친구들이 많다. 러시아 출신이라 그런지 모르겠지만 매일 출퇴근 때문에 두세 시간을 버리면서 월세를 아끼겠다는 논리를 마음 한구석으로는 이해하기 어렵다.

물론 러시아와 한국의 환경 차이를 인정한다. 한국인

엄마와 아빠, 그리고 나.
러시아에서는 스무 살이 되면 꼭 독립해야 한다고 생각한다.
ⓒ Belyakov Ilya

들의 독립이 늦는 건 부동산 문제가 크다. 러시아에서는 독립해서 방을 얻을 때 두세 달치 방세만 먼저 내면 되고, 마지막 달에는 처음에 낸 방세에서 공제한다. 보증금 개념이 없는 셈이다. 그래서 독립을 하기 위해 필요한 재정 부담이 상대적으로 적은 편이다. 한국에서는 전세도 월세도 보증금이 필요하다. 아무런 기반도 없는 사회 초년생이 무슨 수로 독립할 수 있을까. 부모님에게 손을 벌릴 수밖에 없는 구조다. 그래서 나는 아직 독립하지 않은 한국 친구들을 보면 이렇게 잔소리하고 싶은 마음을 꾹꾹 참는다. "나는 러시아에서 한국까지 와서 독립했는데, 너는 나보다 조건도 훨씬 좋으면서 왜 못하는 건데?"

—— "일리야 씨는 아직도 결혼하지 않았다고요?"

러시아에서는 결혼하고 자식을 낳는 것도 빠른 편이다. 요새는 분위기가 확실히 많이 바뀌어서 결혼 연령이 많이 늦어지고 있지만 한국 정도는 아니다. 러시아의 분위기는 이렇다. 2011년쯤 친구의 여동생이 러시아에서 결혼했다. 그 여동생은 스물네 살에 결혼해서 스물여섯 살 때 건강한 아이를 낳았다. 그런데 그 친구의 병력증명서에는 '노산'으로 기록됐다. 러시아 의사가 보기에 스물여섯 살이면 아이를 많이 늦게 낳았다는 것이다.

한국에 온 러시아 사람들과 이야기하면 내 나이를 묻고는 바로 "아이는 몇 학년이냐"고 질문한다. 1982년생인 내 나이면 당연히 결혼을 했고, 자식도 꽤 컸을 것이라고 생각한다. 아직 결혼도 안 했다고 하면 눈이 둥그레진다. 결혼이 선택이라는 개념도 없다. 서른이 넘어서도 결혼하지 않았다는 것은 러시아에선 비정상이다. 물론 요즘에는 많이 변하고 있긴 하다. 대도시에는 1인 가구가 늘어나고 있고, 비혼인 상태에서 부모와 함께 사는 사람도 늘어나는 추세다. 하지만 한국만큼 자주 볼 수 있는 모습은 아니다.

다른 문화권과 마찬가지로 러시아도 가족을 중요하게 여기는 문화다. 그러나 가족을 위한 명절은 거의 없다. 그나마 러시아에서 가족이 모이는 명절이라고 할 수 있는 날은 새해맞이밖에 없다. 12월 31일에서 1월 1일로 넘어가는 이때가 러시아에서 가장 큰 명절이다. 항상 가족들이 모여 '올리비에'라는 샐러드를 명절 요리로 먹는다. 그러면서 이야기를 나누거나 텔레비전을 본다. 젊은 사람들은 가끔 친구끼리 논다며 클럽에 가거나 밖에 나가기도 하지만 예외적인 경우다. 거의 대부분은 집에서 가족과 시간을 보낸다.

가족을 중요하게 생각하는 문화는 가족이 탄생하는 출발점, 결혼을 기념하는 문화에서도 엿볼 수 있다. 내가 처음으로 한국 결혼식을 목도한 충격이 아직도 생생하다. 매우 감성적이고 길고 이벤트가 많은 러시아 결혼식과 달리 한국 결혼식은 정이 없어 보였다. 컨베이어 벨트에서 30분 만에 부부를 찍어 내는 사업처럼 보였다. 모든 결혼식이 다 똑같이 진행되는 것도 충격적이었다. 사회자가 하객을 웃기고 신랑 입장, 그러고는 신부 입장, 부모님에게 큰절, 주례사, 축가, 식사, 끝. 물론 결혼식마다 약간의 변화가 있을 수 있으나 대부분은 이 틀 안에서 이루어졌다. 결혼하는 두 사람에게 그 순간 세상에서 제일 행복하다고 느끼게 하기보다 통과 의례를 해치우는 듯했다. 예식장에 오는 사람들도 놀라웠다. 신부 아빠의 골프 동아리 친구들, 신랑 엄마가 다니는 교회 성도들…. 결혼식에 결혼하는 당사자와 전혀 관계가 없는 사람들이 많다는 것도 러시아와는 다른 문화였다.

러시아에서는 결혼식을 하면 보통 하루를 넘긴다. 시골 마을처럼 아직까지 전통이 영향력을 크게 발휘하는 곳에서는 결혼식을 며칠 동안 한다. 물론 도시에서는 그 정도까지 하지 못하지만 그렇다고 빨리 끝내지는 않는다. 사람에 따라, 지역과 민족, 종교, 주머니 사정에 따라 다르겠지만 내가 몇 번 참여해 본 러시아 결혼식은 한국 결혼식과 매우 달랐다. 특히 젊을수록 이벤트가 넘쳐났다.

지극히 사적인 러시아

2016년 러시아 수즈달 지역에서 열린 국제 퀼트 페스티벌.
여기에서 재연된 러시아 전통 결혼식.
목조 교회 옆에서 결혼 축하 춤을 추고 있다.
ⓒ Getty Images

결혼식 날은 신랑이 신부가 사는 집에 가는 것부터 시작된
다. 이때 참석하고 싶은 사람들은 재미있는 게임을 하기도
한다. 한국에서 함을 팔 때와 분위기가 비슷하다. 다만 한
국과는 반대로 신부의 친구들이 신랑에게 미션을 주는 방
식이다. 미션을 완수하면서 신부가 사는 집까지 한 계단씩
올라간다. (내 대학교 친구가 결혼했을 때는 신랑이 건물 앞에서 장미
물 3리터를 단번에 마신 다음, 눈을 가린 채로 여러 옷을 만지면서 자기 신
부의 옷을 골라야 했다.)

아파트 현관 앞에 도착하면 신발을 벗고는 발로 초인
종을 누른다. 그러면 스피커폰으로 신부의 아빠가 수수께
끼를 낸다. 답을 다 맞히면 건물 안으로 들어가서 계단으로
신부가 사는 집까지 올라가야 한다. 이때 신부의 친구들이
미션을 준다. 다음 층으로 올라갈 때는 발을 쓰지 말고 손
으로만 올라가라든지, 올라가면서 노래를 부르라든지 하는
식이다. 천신만고 끝에 신부의 집에 도착하면 장인과 장모
에게 인사하고 신부를 데려가도 되는지 허락을 구해야 한
다. 이때도 부모님들이 미션을 줄 수 있다. 장인어른과 보드
카 세 잔을 원샷으로 마셔야 한다는 식이다. 그때 결혼했던
내 친구는 결혼식 전에 술을 너무 많이 마셔서 정신을 차리
려고 신부 집에서 샤워까지 해야 했다. 둘이 만나기만 하면
아직도 얘기하는 에피소드다. 물론 모두가 항상 이런 식으

로 하는 것은 아니다.

이후 신랑은 신부를 집에서 데리고 나와 차를 타고 부모님과 친구와 함께 '작스(3AГC)'로 향한다. 작스는 결혼, 출생, 이혼, 사망 신고만 담당하는 주민 센터라고 보면 된다. 러시아에는 예식장이 따로 없다. 작스가 곧 결혼식장이다. 작스에서의 결혼식은 러시아식 결혼의 가장 상징적인 장면이다. 한국에서는 결혼식과 혼인 신고를 따로 한다. 심지어 혼례를 올리고도 혼인 신고를 하지 않는 경우도 있다. 러시아에서는 혼인 신고가 곧 결혼이다. 그래서 작스에서의 결혼식을 매우 중요하게 기념한다. 하얀 드레스를 입은 신부와 멋지고 깔끔한 정장을 입은 신랑이 작스에 도착하면 모두가 아는 바로 그 곡, 멘델스존의 '결혼 행진곡'과 함께 안에 들어간다. 그러고는 격식을 차려서 혼인 신고를 한다. 신고서에 사인을 하는 순간이 결혼식의 시작이다.

혼인 신고가 끝나면 바로 혼인 증명서가 나오고 기념 촬영을 한다. 다들 작스 출입문 앞에 서서 샴페인을 따고 한 잔씩 한다. 그다음에는 다시 차를 타고 도시에서 가장 유명한 사진관에 가서 결혼식 앨범을 만든다.

결혼식 앨범도 한국과는 크게 다르다. 러시아에서는 결혼식 앨범 촬영을 항상 결혼식 당일에 한다. 하얀 웨딩드레스를 입은 신부와 정장을 입은 신랑은 도시의 명소에 가서 친구, 부모님 등과 함께 사진을 촬영한다. 예전에는 가족

상트페테르부르크 지역의 작스 건물.
러시아인들은 여기에서 결혼식을 한다. ⓒ Wikipedia

결혼식이 끝나면 작스 앞에서 기념 촬영을 한다.

ⓒ Wikipedia

들끼리 카메라를 들고 편하게 찍었는데, 요즘에는 촬영 업체의 전문가를 부르는 추세다. 재미있는 것은 도시마다 막 결혼식을 올린 부부가 사진을 찍으러 오는 곳들이 암묵적으로 정해져 있다는 점이다. 다른 도시는 모르겠지만 블라디보스토크의 경우에는 고속도로의 '웰컴 기념비', 시내의 해안 공원과 전망대가 이런 장소다. 블라디보스토크에서 결혼한 커플이면 이 장소에서 거의 반드시 사진을 찍는다.

—— 돈 봉투는 무례한 선물

러시아와 한국 결혼식의 두드러진 차이점 중 하나는 바로 선물이다. 처음에 한국 예식장에 갔을 때 결혼식장 입구에 책상을 놓고 앉아 있는 사람들이 뭘 하는 것인지 전혀 짐작할 수 없었다. 방문객이 신랑과 신부의 이름이 각각 적혀 있는 곳에 가서 봉투를 주면 종이 쪼가리로 바꿔 줬다. 이게 뭐냐고 한국 친구에게 물었더니 돈 봉투라고 했다. 처음에는 귀를 의심했다. "돈이라고? 결혼하는 사람들에게 돈을 준다고?"

러시아에서 돈은 아주 나쁜 선물이다. 특히 결혼식이나 장례식 같이 중요한 예식(例式)에서는 더욱 그렇다. 돈에는 주는 사람의 마음을 담을 수 없다고 생각하기 때문이다. 생일 때 친한 친구끼리 혹은 부모님이 자식에게 돈을 선물로 줄 수는 있지만 결혼식 때 신혼부부에게 돈을 주는 것은 실례다. '나는 당신들에게 관심이 없다. 당신들을 위한 선물을 직접 찾아보고 고르는 시간이 아깝다'는 의미이기 때문이다.

보통 예비부부들은 미리 필요한 물건 목록을 만들어서 결혼식에 올 사람들에게 전달한다. 가장 일반적인 선물은 가전제품이나 신혼집에 필요한 용품이다. 냉장고나 에어컨 같이 비싼 제품은 친구들이 돈을 모아 함께 사는 경우도 많다. 결혼식 때 이동 수단을 예약하고 작스에 다녀온 후 식당을 빌려 파티를 하는 비용 등을 모두 신혼부부가 내는 대신 이런 선물로 비용을 충당하는 식이다. 러시아에서 선물은 물건이나 서비스여야 한다. 돈은 선물이 될 수 없다. 특히 한국식으로 봉투에 넣어서 주는 것은 더욱 그렇다. 봉투에 넣은 현금은 뇌물이나 암시장 거래를 떠오르게 한다.

"배려받아야 할
 여자 대통령을
 어떻게 감옥에 보내나요?"

:

유럽과 가까운 러시아 문화는 진보적인 면도 있다. 여성의 참정권이 대표적인 사례다. 1917년 러시아는 여성의 투표권을 보장했다. 이는 영국(1918년), 네덜란드(1919년), 미국(1920년)보다 빠른 것이다. 하지만 실질적인 남녀평등 수준은 높다고 할 수 없다. 러시아 가족에서 가장 힘이 센 사람은 대부분 어머니다. 돈을 관리하고, 자식을 양육하고, 집을 사거나 관리하고, 가전제품 및 자동차 같은 물건을 구매할 때 최종 결정권자는 어머니다. 얼핏 여성 상위 사회인가 싶지만 그렇지 않다. 러시아에는 "남자는 나라 걱정, 여자는 가족 걱정을 해야 한다"라는 우스개가 있다. 그러니까 남자가 할 일, 여자가 할 일이 정해져 있다는 이야기다. 제도와 인식 사이의 거리가 이렇게 먼 이유는 무엇일까.

—— 진보적인 제도, 보수적인 전통

러시아는 가부장적인 전통이 아주 강한 나라다. 20세기 이전 전통적인 러시아의 가족은 지금 기준으로 봤을 때 숨이 막힐 정도로 남성 중심이었다. 남자는 가정의 장(長)으로서,

모든 일의 결정권을 가졌다. 자식에게는 자신의 성(姓)을 넘겨줬다. 여자는 결혼하면 남편의 성씨를 따라야 했다.

이는 현재도 마찬가지다. 한국에서는 결혼해도 여성이 남성의 성을 따르지 않지만, 러시아에서는 이런 문화를 이해하지 못한다. '성씨를 바꾸지 않을 거면 뭐하러 결혼했지?' 하고 생각한다. 결혼은 일가(一家), 즉 패밀리를 만드는 일이고, 가족이 됐다는 증거는 모두가 같은 성씨를 가지는 것이기 때문이다.

이런 이유로 여성은 결혼하게 되면 아주 피곤해진다. 모든 신분증, 증명서에 기재된 성씨를 바꿔야 한다. 남편과 성이 다르면 주변의 눈총을 받는다. 러시아 여성이 한국 남성과 결혼해서 아이를 낳고 아이와 함께 러시아로 들어오려면 십중팔구 문제가 생긴다. 한국에서 아이는 아빠의 성을 물려받지만 여성은 남편의 성을 따르지 않는다. 엄마와 아이의 성이 다른 것이다. 러시아의 출입국 관리소에서는 이런 문화를 이해하지 못할 가능성이 높다. 성씨가 다른데 어떻게 이 아이가 당신의 아이냐고 물어본다. 물론 현재 러시아에서는 결혼하면서 남편의 성을 따르지 않는 경우가 조금씩 늘고 있다고 한다.

이런 남성 중심의 문화는 여전히 일상 언어에서 나타난다. 러시아어에서 동사 '결혼하다'는 성별에 따라 달라진다. 남자가 결혼하면 '제닛짜(жениться)'다. '아내를 가지다'

는 의미다. 여자는 '브호디찌 자무쥐(выходить замуж)'다. '남편 뒤로 가다', '남자 뒤에 자리를 마련하다'는 뜻이다.

보수적인 가족 문화와 달리 여성의 사회 활동에 대한 제한은 상대적으로 적은 편이다. 역사적으로도 여성의 사회 활동에 대해 큰 거부감이 없다. 표트르 대제가 사망한 이후 왕좌에 오른 사람은 표트르 대제의 부인인 예카테리나 여제였다. 그 이후에도 로마노프가(家)에서 여제들이 나왔고, 국정에서 여성이 매우 중요한 역할을 해 왔다.

1917년 혁명 이후에는 여성의 권리를 제도적으로 보장했다. 사회주의는 성별과 상관없이 모든 사람이 평등하다고 주장하는데, 이 때문에 여성 권리 보호에 신경을 썼다. 당시 소련은 핀란드, 노르웨이, 덴마크 등 북유럽 국가들처럼 여성에게 투표권을 보장한 데 이어, 나아가 남성들과 똑같이 일자리를 보장하고 같은 권리를 가지도록 헌법에 명기했다. 20세기 초반 유럽에서 가장 개방적이고 진보적인 나라는 바로 소련이었다.

하지만 놀랍게도 소련이 붕괴된 1990년대 이후 러시아의 여권 수준은 오히려 퇴보하는 듯한 모습을 보였다. 체제가 개방되고 사회가 자유로워졌는데, 가정에서 여성의 위치는 전통으로 회귀하는 것처럼 보였다. 실은 이는 사회주의 체제에서 가려졌던 가부장제적 전통이 수면 위로 부상한 것이었다. 소련 시절에 남녀평등은 제도적 측면에서

1919년 11월 7일 러시아 혁명 2주기에 참석한 레닌과 트로츠키(가운데).
1917년의 혁명으로 러시아 여성의 정치 및 사회 참여가 제도적으로 보장됐다.
ⓒ Wikipedia

어느 정도 완비가 됐지만, 실은 러시아 가정 내에서는 전근대적인 가부장제가 여전히 똬리를 틀고 있었다. 이는 러시아인들이라면 모두가 아는 사실이었다. 이에 대해 집밖에서 함부로 발설할 수는 없었다. 남녀평등을 혁명의 상징 중 하나로 여기는 소련 시절이었기 때문이다. 그런데 소련이 해체되고 새로운 체제가 들어서자 러시아 여성들은 정반대의 선택을 했다. 가부장제적 전통을 혁파하기보다는 오히려 이를 내면화하는 모습을 보인 것이다. 이유가 있었다. 소련 시절에는 집 안팎에서 몸과 마음이 힘들었다면, 자본주의 체제에서는 집안에서 '여성의 일'만 잘 수행한다면 다른 불평등은 감내할 수 있었기 때문이다. 생존을 위한 선택이었다.

—— 남자의 일과 여자의 일

러시아에는 전통적으로 '여성스럽다'고 간주되는 직업과 '남성스럽다'고 간주되는 직업이 있다. 어떤 직업이 남성스럽고 여성스러운지는 대학교의 전공에 따른 남녀 비율을 보면 된다. 물론 전공에 따라 남녀 비율에 차이가 나는 현상이 러시아에만 있는 것은 아니지만 러시아는 유독 심각하다. 언어학, 교육학, 의학 등의 학과에는 학생들의 90퍼센트 이상이 여성이다. 선생님, 의사 등이 여성스러운 직업으로 취급받아서다.

교육학과는 더 심각하다. 교육학과에 들어간 남학생은 성 정체성을 공공연히 의심받을 정도다. 이런 이유로 러시아 초·중·고에는 여자 선생님밖에 없다. 아이들을 가르치거나 유치원에서 보살피는 일은 당연히 여자가 할 일이라는 게 러시아 사회의 보편적인 인식이다. 이상한 예외도 있다. 중장비나 버스 같은 차량을 운전하는 일은 남자가 할 일이라고 생각하지만, 특이하게도 도로 위에 설치한 전선을 따라 운행하는 트롤리버스(trolleybus)와 트램(tram, 도시형 지상 경전차)의 운전자는 대부분 여성이다. 정해진 선로를 따라가는 대중교통은 남자답지 않다는 논리다.

내가 대학교 때 공부했던 한국학과에서는 같은 학년 중에 내가 유일한 남자였다. 1년 선배 중에는 남자 선배가 한 명도 없었고, 2년 선배 중에 딱 한 명이 있었다. 고등학교 친구들은 다들 경제학과, 법학과, IT학과와 같은 소위 '남성스러운' 학과를 선택한 상황에서, 내가 한국학과에서 한국어를 공부하겠다고 하니 나를 이상하게 바라봤다. "졸업하면 통역사나 되려고?" 하며 놀리기도 했다. 통역사는 누가 봐도 여자가 해야 할 일이라는 의미였다.

'남자의 일'과 '여자의 일'이 구분된다는 인식을 반영한 수치도 있다. 2021년 현재, 러시아 여성들이 법적으로 가질 수 없는 직종이 100개나 된다. 그나마 그것도 이전에 456개

모스크바나 블라디보스토크를 방문하게 되면 트롤리버스를 운전하는
이가 여성인지 남성인지 유심히 보시라. 대부분 여성일 것이다.

직종에서 줄어든 것이다.

러시아 문화밖에 몰랐던 나는 한국에 처음 왔을 때 정신을 차리기 힘들었다. 먼저 한국 남자들이 화장품을 사용하는 걸 보고 놀랐다. 러시아에서 화장품은 오로지 여성을 위한 제품이다. 러시아에서는 여자 친구의 손에 이끌려 화장품 가게에 간 남자가 고생하는 농담이 많다. 러시아에서 남자가 쓸 수 있는 화장품은 딱 하나밖에 없다. 면도 때 쓰는 애프터 쉐이브다. 면도 후의 따가움 앞에선 약한 모습을 보여도 된다. 헤어 왁스, 비비 크림, 립밤은 물론 선크림, 핸드크림, 보습제를 사용하면 성소수자 아니냐는 오해를 받는다.

이런 오해가 얼마나 심한지 보여 주는 예가 있다. 러시아에도 방탄소년단의 팬클럽인 아미가 있다. 아미가 행사를 위해 방탄소년단 멤버들의 사진이 들어간 전단지를 인쇄하려고 인쇄업체에 문의를 했는데 거절당했다. 이유는 그들이 보기에 방탄소년단 멤버들이 게이처럼 생겨서였다. 세계적인 톱스타를 알아보지 못하는 건 둘째치고, 단지 그들 기준으로 게이처럼 생겼다는 이유로 인쇄를 거절해 버린 이 사건은 진보 언론의 뉴스를 탔다. 러시아의 보수성을 보여 주는 완벽한 예시였던 것이다.

물론 2022년 현재, 한국살이 19년이 지난 지금은 나도 화장품을 쓰는 데 거부감이 사라졌다. 몇 년 전에 블라디보스토크에 가서 부모님 집에서 머물렀던 적이 있다. 오전에 대학교에서 강연이 잡혀 있어서, 아침부터 샤워를 하고 겨울이라 얼굴에 보습 크림을 발랐다. 그러고는 그 위에 선크림을 덮고, 왁스로 머리를 살짝 만지고 있었다. 엄마는 그걸 보시더니 내가 완전 한국 사람이 다 된 것 같다고 하셨던 기억이 난다.

한국 남자들의 옷 스타일도 놀라웠다. 러시아 남자들은 화려하고 밝은 옷이나 만화 캐릭터가 그려진 옷, 귀여운 스타일의 옷을 피한다. 화장품을 안 쓰는 것과 같은 이유다. 핑크는 절대 금지다. 이런 문화적인 각인이 너무나도 깊어서 내가 한국에서 난생처음 핑크색 티를 살 때까지 12년이 걸렸다.

── 여성들이 인정하는 가부장제, 그 역설

이쯤 되면 러시아 여성들이 가부장제적 질서 안에서 신음하고 부당한 대우를 받고 있다고 생각할 것이다. 한국과 비교해 보면 여성들의 부담이 크고 희생되고 있는 건 사실이다. 러시아에서 육아와 가사는 온전히 여성의 역할이다. 맞벌이를 한다고 해도 여성의 부담은 줄지 않는다. 육아와 가사는 온전히 여성의 일이기 때문에 당연히 여성이 해야 한다는 인식이다. 문제는 여성들이 여기에 전혀 문제제기를 하지 않는다는 것이다. 오히려 뭐가 문제냐고 반문하기까지 한다. 밥 짓고 빨래하고 아이를 키우는 일은 당연히 여자가 할 일인데 왜 이상한 소리를 하냐는 반응이다.

한국에서 이런 이야기를 하면 한국 사람들은 보통 두 가지 측면에서 충격을 받는다. 소련이 사회주의 국가였으니 러시아도 여성의 인권에 대한 인식이 높을 줄 알았는데 아니라는 점. 나머지 하나는 여성들도 이런 남녀 역할 구분을 자연스럽게 받아들이고 오히려 옹호하고 있다는 점이다. 러시아인들은 사회적 평등과 성 역할은 다르다고 인식한다. 두 가지가 하나의 가치로 수렴한다는 생각 자체가 없다. 밖에서 같은 일을 하고 같은 급여를 받는 것과 가정에서 해야 할 일은 별개라고 보는 것이다.

배경은 이렇다. 사회주의 소련은 남자에게나 여자에게나 가혹했다. 아니 여성에게 오히려 더 가혹했다고 하는 게 맞다. 사회주의 혁명으로 시스템은 바뀌었다. 문화적으로 가부장제는 그대로 남아 있었지만 여성들의 사회적 지위는 올라갔고, 정치적 권리도 보장받았다. 그러나 이 시스템에는 인간에 대한 이해가 전혀 녹아 있지 않았다. 소련 시절 여성들은 국가에서 원하는 노동을 수행해야 했다. 남녀의 신체적 차이는 상관없었다. 남자와 똑같이 공장에서, 건설현장에서 일해야 했다. 남자들도 힘들다고 꺼리는 일을 똑같은 할당량을 받아 몸을 갈아가며 해치우고 집에 와서는 또 집안일을 해야 했다. 여성들의 권리를 보장해 준다는 사회적 배려가 실제로는 배려가 아니었다. 가부장제 문화는 그대로 둔 채 바뀐 시스템에서 여성들의 부담은 오히려 배가됐다. 당시 여성들 입장에서는 차라리 집에서 가사일과 육아를 전담하는 게 보다 인간다운 삶을 사는 방법이었다.

이런 이유로 러시아의 여성들은 자본주의 체제를 환영했다. 적어도 여성의 몸으로는 부담스러운 일을 하지 않을 자유, 보다 편한 일을 찾을 자유가 생겼기 때문이다.

—— '미투'(성폭력 고발 운동)를 비웃는 러시아

한국에서 대통령이 탄핵을 당했을 때, 러시아인들은 이 역사적인 사건을 이해하지 못했다. 나도 몇몇 러시아 사람들에게 이 사건을 설명해 보려고 했지만 제대로 설명하는 데는 실패했다. 세계 민주주의 역사에 남을 사건이었는데, 러시아 사람들은 이 사건을 오히려 '야만적인 사건'으로 인식하고 있었다. 러시아에서는 권력자가 권력을 멋대로 사용하고 전횡을 일삼아도 전혀 문제로 생각하지 않는다. "대통령이 그럴 수도 있지." 이게 일반적인 인식이다. 여기에 여성은 보호받고 배려받아야 할 존재라고 생각한다. 대통령이 권력을 비선(秘線)에게 넘겼다고 해서 배려받아야 할 '여성'을 어떻게 탄핵하고 감옥까지 보내느냐는 것이다. 한국에서는 경악할 만한 인식이지만 이게 사실이다.

한국살이를 오래 하면서 러시아 여자 친구나 엄마한테 혼나는 일이 잦아지고 있다. 러시아에서는 남자가 여성의 가방을 들어 주고, 문을 잡아 주고, 자리에 앉을 때 의자를 빼 줘야 한다. 그게 남자라면 당연히 해야 할 일이다. 한국에 있으면서 이런 기본 매너를 의식하지 않다 보니 러시아 여자 친구들에게 예의를 지키지 않는 경우가 많다. 한국이라서 그렇지 러시아에서 이런 행동이 반복되면 혐오의 대상이 되는 걸 각오해야 한다.

한국 사람들은 한국 문화가 가부장적이라고 하지만 러시아와는 비교할 수 없다. '미투' 확산에 대한 반응이 그 증거다. 권력을 가진 남성이 여성 비서나 부하 직원에게 부적절한 제안을 하거나 성적으로 착취하는 일은 법이 개입할 문제가 아니라고 본다. 남녀 관계에서 있을 수 있는 일. 이렇게 수용한다. 오히려 이런 사건이 공개되면 여성을 비판하는 사람들이 더 많다. "비서로 취직했을 때 뭘 기대했나? 비서가 그런 거지 뭐.", "어린아이도 아니고 남자 상사가 그럴 줄 몰랐나?", "이런 게 싫었으면 남자가 없는 직장에 들어가든가.", "거부를 제대로 안 했으니까 그렇지." 이게 러시아 사회의 분위기다. 미국의 빌 클린턴 전 대통령의 섹스 스캔들 때도 반응이 똑같았다. "클린턴, 그래도 남자구만." 이 정도였다. 이런 일로 대통령을 탄핵한다면서 미국을 비웃었다.

　여성들의 반응도 마찬가지다. 러시아에서는 성 상품화에 대한 인식이 약하다. 남자가 권력을 이용해 여성을 성적으로 착취한다는 인식이 별로 없다. 스캔들이 터지면 둘이 눈이 맞아서 그런 것이라고 생각한다. 이런 상황이니 미국을 중심으로 확산된 '미투 운동'은 러시아에서 보면 그냥 해프닝 정도에 불과하다. "이상한 나라에서 이상한 짓거리하고 있네." 이런 평가를 내린다. 그들을 조롱하면서 '쟤네들보다는 우리가 더 좋은 나라'라고 정신 승리를 한다.

　러시아를 이야기하면서 곤혹스러운 부분은 이런 것들이다. 명백하게 잘못된 부분, 잘못된 인식인데 어디부터 어떻게 이야기해야 할지 감이 안 잡힌다. 옹호의 논리가 아니라, 왜 이렇게 됐는지 이야기하려고 해도 결국 제대로 된 설명을 하기 어렵다. 러시아에 살 때는 몰랐는데, 러시아는 세계적 기준에서 많이 벗어나 있는 나라라는 것을 새삼 느낀다. 사는 세계, 세계관이 다르다는 건 확실하다. 러시아가 국제 사회에서 환영받으려면 보편적인 기준과 러시아의 기준 사이를 어떻게 좁힐지 고민해야 한다.

감히 시궁창에서
백작으로
올라가다니

:

대학생 때 러시아에서 온 바이어를 모시고 통역자로서 한국 회사 회의에 참석한 적이 있다. 러시아 회사에서는 30대 초반의 여성 한 명, 20대 초반의 남성 두 명이 참석했고, 한국 회사에서는 60대의 사장님, 50대 초반의 부장님 두 명이 회의에 들어왔다.

러시아 바이어들은 한국 회사 임원진들에게 두 손으로 명함을 주고받으며 공손하게 머리를 숙여 인사를 건넸다. 러시아인들에게 낯선 인사법이었지만, '로마에 오면 로마법을 따라야 한다'는 나의 귀띔에 따른 것이었다. 한국 회사 분들도 반갑게 명함을 주고받으며 인사했다. 그러고 나서 회의실에는 정적이 흘렀다. 한국 회사의 사장님과 부장님 두 분은 누군가를 기다리는 듯한 느낌이었다. 참다못한 러시아 바이어들은 나에게 회의를 시작하면 좋겠다고 했다.

- 나: 사장님, 회의를 시작하셔도 될 것 같습니다.
- 사장님: 러시아측 사장님을 기다리지 않아도 됩니까?
- 나: 네? 앞에 계시는 남자 분이 러시아 회사 사장입니다.

• 사장님: 그래요? 20대로 보이는데?

한국에 살면서 나이를 중심으로 사람을 판단하는 문화가 있다는 것을 실감했던 순간이다. 한국 사회가 엄청나게 빠르게 변하고 있지만 변하지 않는 부분 중 하나라고 생각한다.

나는 '선배', '후배'와 같은 말을 블라디보스토크대학교에서 한국어를 공부할 때 배웠다. 처음에는 이해할 수 없는 개념이었다. 나와 같은 대학교를 나온 사람을 나이에 따라 부르는 호칭이 따로 있다는 게 신기했다. 러시아 문화에 없는 선후배 개념을 설명하는 데 선생님이 꽤 애를 먹었던 걸로 기억한다. 논리는 이해해도 가슴에는 와 닿지 않았다. 막연하게 '아, 같은 대학교 출신을 중요시하는 문화구나' 하는 정도로 생각하고 넘어갔다. 그러고는 한국에 와서 생활하면서 나이를 따지는 것이 단순한 문화는 아니라는 걸 깨달았다.

한국에서 나이는 인맥을 형성하는 데 효율적인 수단이다. 적어도 나는 그렇게 생각한다. 한국인들은 학연이나 지연 같은 공통점을 가진 상대에게 나이를 밝히고 곧바로 형, 아우, 선배, 후배 같은 깊은 관계를 형성한다.

러시아에서도 사람을 평가할 때 다른 무엇보다도 '인맥'을 중요하게 본다. 그런데 한국의 인맥과 맥락이 다르

지극히 사적인 러시아

다. 러시아는 오로지 '개인 관계'가 전부다. 그 외에 나머지는 전혀 중요하지 않다. 예를 들어 드미트리와 알렉세이는 고향이 다르고, 다른 대학을 나왔으며 경력도 비슷한 게 없지만 아주 가깝게 서로를 밀어주는 사이가 될 수 있다는 의미다. 물론 러시아 대학생들도 자신의 대학교를 사랑한다. 하지만 이는 대학교에 다닐 때뿐이다. 졸업하고 나서 누가 어느 대학교를 나왔는지는 무의미하다. 예를 들어, 현재 러시아 대통령인 푸틴과 전 대통령이었던 메드베데프는 같은 대학교, 같은 과 출신이다. 한국에서는 이런 정보를 보면 두 사람이 같은 대학교 출신이라 서로 밀어주고 받쳐 준 거라고 지레짐작한다. 하지만 러시아 언론에서는 두 사람이 같은 시청에서 같은 업무를 담당했던 상사와 부하 관계였다는 점을 주목한다. 같은 대학 출신이라는 사실을 주목하는 언론은 없다. 정치인이나 기업인이 지연, 학연에 따라 인사를 하거나 밀어주는 건 한국 스타일이다. 러시아에서는 오로지 개인 간의 친분이 전부다. 그래서 푸틴의 몇십 년 지기라면 장관을 해도 이상하지 않고, 믿을 수 있는 부하 직원이라면 대통령 자리를 교환해도 되는 사이가 된다.

같은 동네에서 온 사람에게도 딱히 우호적인 태도를 찾아보기 어렵다. 예를 들어, 시골 마을에서 수도 모스크바에 입성한 청년들이 고향 사람들을 만나도 별로 신경 쓰지 않는다. 오히려 경쟁 심리에서 비롯된 적대감을 표출하거나 냉정하게 무시한다. 서로를 도와주려고 하지 않는다. 나와 같은 배경을 가진 사람은 모두 경쟁자라고 여긴다고 할까. 여담이지만, 바로 이런 이유 때문에 러시아 사람들은 해외에서 커뮤니티를 잘 형성하지 못한다. 잘 뭉치는 한국 사람들과 달리 해외에 사는 러시아 사람들은 서로 경쟁자로 여기고 웬만하면 서로를 피한다.

—— 조금은 공정했던 소련, 인맥이 다인 러시아

러시아에서는 인맥만 잘 타면 사회 계층 간 이동이 쉽다는 이야기일까? 그것도 아니다. 러시아에서 유명한 농담이 있다.

- 아들: 아빠! 내가 크면 병장이 될 수 있어?
- 아빠: 어, 당연히 될 수 있지.
- 아들: 아빠! 그러면 내가 크면 대위도 될 수 있어?
- 아빠: 어, 그럼! 못 될 건 없지.
- 아들: 아빠! 대령은? 대령도 될 수 있어?
- 아빠: 물론이지! 우리 아들이 잘만 하면 대령도 될 수 있지!
- 아들: 아빠! 그러면 난 대장도 될 수 있는 거야?
- 아빠: 대장은 될 수 없어!
- 아들: 왜?

• 아빠: 대장도 아들이 있거든.

어느 정도의 성공은 가능하지만 완전한 출세는 어렵다는 이야기다.

아이러니하게도 사회적 성공이나 더 높은 사회 계층으로의 이동은 소련 시절이 더 쉬웠다. 공산당에 입당하고, 사고 안 치고, 열심히 일하면 쉽게 더 높은 계층으로 올라갈 수 있었다. 소련 시절의 지도자들이나 1990년대 러시아 지도자들의 자서전을 읽어 보면 모두 평범한 집안 출신이다. 상류층이나 기득권과는 아무런 관련이 없는 사람들이었다. 예를 들어, 보리스 옐친 전 대통령은 농부 집안 출신인데, 대학 때 공산당에 입당해서 열심히 활동하다가 지역 지도부 부장급까지 진급했다. 푸틴 대통령도 마찬가지다. 그는 평범한 가정에서 3남 중 막내아들로 태어났다. 이른 나이에 KGB에 일반 요원으로 들어가서 원장까지 올라간 대표적인 사례다. 현 벨라루스 대통령인 알렉산드르 루카셴코, 전 우즈베키스탄 대통령인 이슬람 카리모프 역시 비슷한 길을 걸었다.

혼돈의 시대였던 1990년대는 러시아 사람들에게 기회를 의미했다. 이 시절은 사회주의 체제에서 자본주의 체제로 넘어가는 독특한 시간이어서 러시아 사회는 엄청난 혼란에 휩싸였고, 사회 계층 간 대이동이 있었다. 국영 기업들은 줄줄이 민영화가 됐고, 소련 시절의 기술자나 의사, 교수 등 엘리트 집단은 하루아침에 빈곤층으로 전락했다. 반면 '개인 사업' 자체가 존재하지 않았던 소련 때와 달리 이제 자유 시장 원리에 따라 누구든 사업을 펼칠 수 있었다. 사회주의 시절 눈총을 받았던 암시장의 장사꾼이 갑자기 돈을 주체하지 못할 정도로 많이 버는 갑부가 됐다. 올리가르히는 나라의 재산을 꿀꺽 삼켜 갑부가 됐지만, 사업을 시작해서 큰돈을 번 사람들도 있었다. 예를 들어, 독일에서 사 온 신발을 팔던 학교 선생님 출신 타티야나 바칼축은 이를 키워 와일드베리스(Wildberries)라는 러시아 최대 쇼핑몰의 오너가 됐다. 소련이 무너진 후 식당 뒷마당 쓰레기통을 헤집고 다니던 사람들 중에 갑자기 부자가 된 이도 있었다. 자본주의에서는 신화를 일궈냈다고 할 사람들이지만 러시아 사람들의 시선은 곱지 않았다. 그들이 엄청난 부를 일궈낸 데에는 능력과 땀보다는 남을 속이고 불법을 저지르는 등 꼼수를 썼다고 봤기 때문이다.

2000년대의 러시아는 사업의 천국이었다. 이 시기 러시아는 석유 가격이 급등하면서 나라에 돈이 넘쳐났고, 그로 인해 경제가 안정되고 국민들의 의식주 문제가 어느 정도 해결됐다. 사업 측면에서 보면, 개인 사업이든 국가 사업이든 크게 번창할 수밖에 없었다. 큰돈을 벌 수 있는 길이 열린 셈이어서 빈곤층에서 부유층으로 계층이 상승된 사람

　　　　　　　　　　지극히 사적인 러시아

들이 많았다.

2010년대에 들어서면서 상황이 악화되기 시작했다. 2014년 크림반도 합병, 이에 따른 서방의 러시아 경제 제재로 인해 러시아 경제는 가시밭길을 걸었다. 사업이 힘들어졌고, 정계에 입문하고 싶은 사람들은 현 정부와 푸틴에게 충성심을 보여 줘야 올라갈 수 있는 구조가 돼 버렸다. 인맥과 충성만 있으면 경력이나 출신 배경에 상관없이 출세가 가능한 사회가 되었다.

러시아 정치계를 보면 나이가 꽤 어린 사람들이 높은 직위를 차지하는 경우를 종종 볼 수 있다. 2012년 5월 나와 동갑인 니콜라이 니키포로프(1982년생)라는 사람이 통신부 장관으로 임명됐다. 당시 나이 만 29세, 한국 나이로 30세였다. 2017년 9월에는 안톤 알리하노프(1986년생)가 30세의 나이로 러시아 역사 최초로 칼리닌그라드의 지사로 당선됐다. 2016년 총선에서 1995년생인 바실리 블라소프는 러시아 국회인 두마의 의원으로 당선됐다. 당시 나이 만 20세! 물론 이런 경우는 보통이 아니라 예외에 더 가깝지만 충분히 있을 수 있는 일이고 그리 놀랍지 않다.

러시아 국민들은 그런 사람들의 나이나 출신 학교, 출신 지역이 아니라 '부모님이 누구'인지를 유심히 본다. 맨주먹으로 시작한 것처럼 보이는 사람들의 이력을 추적해 보면, 죄다 현직 정치인, 검사, 경찰, 국회 의원, 정부 고위 공

스무 살의 나이에 두마 의원이 된 바실리 블라소프. ⓒ Wikipedia

무원 혹은 이런 사람들의 가족이나 친구이기 때문이다. 애초부터 '금수저' 집안 출신이거나 근처에 있는 사람들인 것이다.

—— 러시아의 부패를 용인하는 전통적 가치관

내가 한국어 수업에서 '개천에서 용이 난다'라는 표현을 처음 배웠을 때 매우 놀란 기억이 난다. 러시아어에서도 비슷한 관용어가 있는데, 한국과는 반대로 매우 부정적인 뜻이기 때문이다. '시궁창에서 백작으로 올라갔다(Из грязи в князи).' 맨 밑바닥에서 하루아침에 엄청난 부자가 돼서 갑자기 사회적 위치가 높아진 사람을 일컫는 표현이다. 본래 위치를 벗어나 남들 눈에 거슬리게 높이 올라가는 것은 좋지 않은 일이라는 러시아의 전통적인 가치관에서 비롯된 말이다.

전통적으로는 러시아 사회는 계급이 아주 뚜렷했다. 황제는 하늘의 지시를 받아 나라를 다스리는 이였고, 황제의 가족은 그와 비슷한 존재로 대우를 받았다. 그 밑에는 관료나 귀족, 평민과 농노가 있었다. 그러니까 '시궁창에서 백작으로 올라갔다'는 관용어는 러시아의 사회 구조가 하늘의 뜻이고, 이를 어기는 것은 사람의 본분이 아니라는 말이 되겠다. 비슷한 말은 더 있다.

Где родился, там и пригодился.

태어난 곳이 바로 집이다.

: 바꾸려고 하지 말고, 욕심 부리지 말고, 가진 것에 만족하며 살라.

Каждый сверчок знай свой шесток.

귀뚜라미도 자기 자리를 알아야 한다.

: 남의 자리를 탐내지 말고, 자기 자리를 지켜라.

Что позволено Юпитеру, то не позволено быку.

제우스가 하는 일을 황소가 해서는 안 된다.

: 신분에 따라 할 일이 정해져 있다. 즉 주제를 알고 행동하라.

　러시아에는 '튀지 않고 자기 본래 위치나 자리에 걸맞은 행동을 해야 한다'는 문화가 깊게 박혀 있다. 이를 고민한 러시아 작가들의 문학 작품도 있다. 이반 투르게네프의 《아버지와 아들》은 아들이 자신의 자리를 벗어나서 그가 속한 계급과 어울리지 않는 직업을 가지려다 실패하는 모습을 그린 작품이다. 레프 톨스토이의 《안나 카레니나》도 사실 여자가 하면 안 되는 일, 즉 자신의 사회적 위치나 신분에 맞게 조용히 살지 않고 변화를 추구해서 벌어지는 비극을 다룬다. 러시아 문학 작품에 등장하는 주인공을 보면, 대부분 당시 러시아 사회의 가치관에 반하여 아래에서 위로 올라가고 싶은 욕망에서 비롯되는 비극, 혹은 자신의 자리나 위치에서 하면 안 되는 말, 생각, 태도를 보이기 시작해서 일어나는 문제에 대한 것들이다.

　이런 전통적인 가치관은 70년 동안의 사회주의 체제도 무너뜨리지 못했다. 소련은 겉으로는 공평과 동등함을 외쳤지만, 기묘하게 또 다른 계급을 만들어 놓고 이를 잘 이용한 시스템이었다. 공산당 지도부가 누리는 사회적인 혜택과 인프라, 여가는 일반 시민과 확연히 달랐다. 신기하게도

톨스토이의 《안나 카레니나》는 제자리를 벗어난 삶을 추구하다
벌어진 일을 그리고 있다. 위 그림은 이반 크람스코이가 그린
'낯선 여인의 초상'. 안나 카레리나를 모티프로 그린 작품이다.

일반 시민들은 이를 당연하게 여겼다. 권력을 가진 사람이니까 당연히 더 좋은 차를 몰고, 더 좋은 집에 살고, 더 좋은 음식을 먹을 수 있다고 생각했다.

내 생각에 이런 사고방식은 바로 전통적인 가치관에서 비롯됐다. 현재 러시아에서도 이런 문화를 엿볼 수 있다. 대통령이나 측근이 수많은 비리와 횡령을 저지른 사실이 드러나도 '대통령이니까 당연한 거 아니냐'라는 식의 반응을 많이 보인다. 푸틴이 아무리 재산을 많이 가지고 있어도, 그의 친구들이 횡령을 하고 범죄를 저질러도, 푸틴이니까 눈을 감아 버린다. 푸틴이 무서워서라기보다는 그냥 그 자리에 있는 사람은 그래도 된다는 인식이다. 한국에서는 대학 입시 문제에 대해 사회적으로 예민하게 반응한다. 누군가 부정을 저질렀다고 하면 전 국민의 비난을 각오해야 한다. 러시아에서는 대입 부정이 있어도 당당하다. 시험 문제가 유출되어 수험생 손에 들어가거나, 면접 점수를 잘 받아서 대학교에 입학했다는 이유로 비난받는다고 하면 러시아 사람들은 어리둥절해 할 것이다. 그 정도 지위에 있는 사람들이 굳이 그런 번거로운 방법을 왜 쓰냐는 것이다.

러시아에서 학연과 지연이 없는 이유는 간단하다. 계급이 정해져 있고 거스르면 안 된다는 가치관과 모든 것을 압도하는 인맥의 힘 때문이다. 한국 사람들이 보기에는 학연, 지연이 망국병처럼 느껴질지 모르겠지만 러시아를 겪어 본 나로서는 어느 사회든 결국 인맥이 중요하게 작용한다고 생각한다. 다만 인맥이 어떤 형태로 적용되는지가 다를 뿐이다.

한국에 비해
느릴 뿐이에요

：

러시아를 방문하면 놀라운 러시아식 서비스를 경험하게 된다. 분명히 내가 고객인데 서비스 제공자가 상전인 듯한 태도, 미소는커녕 고객을 무시하는 말투, '협조'라는 단어도 읽을 줄 모를 것 같은 공무원. 식당이나 카페 등에서는 좀 덜하지만 정부 기관 및 공공 기관을 방문하거나 대중교통을 타면 불친절이 무엇인지 경험할 수 있다. 이러한 러시아식 서비스는 한국인뿐만 아니라 다른 외국인들에게도 이해 불가능한 영역이다. 도대체 러시아인들은 왜 이럴까.

—— 비효율의 극치, 행정 기관

가족관계증명서가 필요하다고 치자. 한국이라면 인터넷을 통해 발급받거나 집 근처에 있는 주민 센터에서 편한 시간에 방문해 받을 수 있다. 아마 5분도 채 걸리지 않을 것이다.

러시아에서는 다르다. 우선 증명서별로 발급 기관이 따로 정해져 있다. 가족관계증명서가 필요하면 먼저 어떤 행정 기관이 가족관계증명서를 담당하는지부터 알아봐야 한다. 그다음에는 위치를 알아봐야 한다. 도시마다 다르지만 보통 한 도시에 한 곳밖에 없다. 그러고 나서 근무 시간을 확인해야 한다. 한국에서는 9~18시 사이에 아무 때나 방문하면 된다. 하지만 러시아에서는 특정 증명서를 발급받으려면 그 증명서에 관한 업무를 하는 시간에 맞춰 가야 한다. 예를 들어서, 가족관계증명서 '신청'은 매주 월요일과 수요일 오후 3시부터 4시까지만 할 수 있고, '교부'는 매주 화요일과 목요일 오전 10시부터 11시까지만 하는 식이다. 다른 요일, 다른 시간대에 방문하면 안 받아 준다. 직원이 할 일이 없어서 지루해 죽기 직전일지라도 절대 해 주지 않는다. 규정에 따라 정해진 시간대에 오라는 답변만 듣는다.

답답하고 불친절한 이런 서비스는 소련 시절의 관료주의 시스템에서 기인한다. 소련은 관료주의 천국이었다. 지나치게 많은 관료, 매우 상세한 업무 분배, 엄격한 규칙과 규정에 따른 업무 처리 등이 트레이드마크였다. 부모님의 전언에 따르면, 소련 시절에는 증명서 한 장을 발급받는 데 기본적으로 몇 주 정도 걸렸다고 한다. 신청받는 사람 따로, 서류 처리하는 담당자 따로, 증명서를 발급하는 이 따로, 증명서에 도장 찍는 사람 따로, 신청자에게 증명서를 돌려주는 담당자 따로였다. 가족관계증명서를 한 장 받는데 필요한 인력이 5명이 넘는다는 말이다. 모든 담당자가 한 건물에 있는 것도 아니었다. 여기저기 흩어져 있었다. 서류 한 장을 발급받으려고 마포구를 갔다, 용산구를 갔다, 강남구

지극히 사적인 러시아

를 가는 식이다. 상상만 해도 머릿속이 하얘진다.

물론 현재 러시아 행정 기관의 일 처리 속도는 소련 시절에 비하면 천문학적인 속도로 빨라졌다. 모스크바나 상트페테르부르크와 같은 대도시의 경우 상황이 많이 개선됐다. 2010년대 중반부터는 '엠페체(МФЦ)'라는 종합 서비스 센터에서 행정 서비스를 받을 수 있다. '한 카운터 정책'에 따라, 다양한 증명서 발급, 국내 신분증 재발급, 해외 여권 신청, 과태료 및 각종 수수료 납부 등의 업무를 이곳에서 볼 수 있다. 하지만 행정 업무를 한곳에서 해결할 수 있는 '한

러시아 행정 기관의 속도를 한껏 끌어올린 엠페체. ⓒ mfc-online

카운터' 시스템은 지방에서는 여전히 찾아보기 힘들다. 소도시나 마을, 상대적으로 인구가 적은 곳에서는 이런 행정 업무를 편리하게 볼 수 있기는커녕 인터넷마저 사용할 수 없는 곳들이 많다. 수도와 지방 인프라 차이가 너무 커서 서비스 제공에도 큰 차이가 있다.

—— 국가가 갑이다

러시아의 느리고 비효율적인 서비스는 시스템의 문제이기도 하지만, 인식의 문제이기도 하다. 자본주의 체제로 전환된 지 약 30년 정도 됐지만, 러시아 사람들은 사회주의 체제 시절의 사고에서 벗어나지 못하고 있다. 그들은 정부가 '갑'이고, 국민이 '을'이라고 생각한다. 유럽과 같이 민주주의 뿌리가 깊은 사회나 한국처럼 민주주의가 꽤 정착이 되어 가는 사회에서는 좀 놀라울 것이다. 이들 나라에서는 국민이 '갑'이기 때문에 국민들이 정부를 무서워하거나 위축된 자세를 보이지 않으니 말이다.

'국가가 갑이다'라는 인식은 러시아 행정 기관을 찾아가면 쉽게 경험할 수 있다. 한국에서는 주민 센터 공무원이 국민을 돕는 역할을 하지만, 러시아에서는 공무원에게 부탁하는 개념에 더 가깝다. 공무원에게 국민이 찾아가서 귀찮게 한다는 인식이다. 그래서 그 공무원에게 잘 보여야 한다. 미소를 지으며 예의 바르게 말하면, 공무원의 꽁꽁 언마음이 녹을지도 모른다. 공무원의 마음이 열리면 증명서가 나올 수도 있다. 반대로 공무원이 내 태도가 마음에 안들면, 지금은 안 되니 다음 주에 다시 오라고 할 것이다. 갑 그 자체다. 갑은 서두를 필요도, 친절할 필요도 전혀 없다. 증명서 발급이나 여권 갱신 같은 절차는 갑이 쥐고 있는 권력이다. 권력의 시혜를 받으려면 을이 애써야 한다.

한국인은 이런 공무원을 보면 분노할 것이다. 그리고 러시아인들은 어떻게 이런 전횡을 참을 수 있냐고 물어볼 것이다. 러시아는 여러모로 모순적인 나라다. 러시아인들은 공무원들의 부정부패가 당연하다고 생각한다. 이미지도 별로 안 좋다. 그렇지만 인기는 좋다. 공적으로나 사적으로나 혜택이 좋기 때문이다. 연금이 보장되어 있고, 그밖에 따로 찰 수 있는 주머니도 많다. 경찰관의 아내가 출산하면 경찰관이 도로로 나온다는 말이 있을 정도다. 교통 법규를 위반한 운전자들에게 눈을 감아 주는 대가로 뇌물을 받는다는 얘기다. 한국에서는 공무원이 되려면 어려운 시험을 거쳐야 하지만, 러시아에서는 일반 회사 입사하듯이 시험을 치른다. 서류를 넣고 면접을 보면 된다. 다들 뭔가 해먹는 걸, 아니 그저 지나치게 하지만 말라는 정도의 분위기랄까. 그런데 뉴스를 보면 공무원 비리가 나온다. 시장이 바뀌면 전임 시장의 비리를 파헤치는 식이다. '나는 다르다'는 걸 보여 주기 위해서지만 사람들은 그저 '해먹는 라인이 바뀌는구나'라고 생각한다.

물론 민간 영역에서는 이런 분위기가 덜하다. 몇 년 전에 오랜만에 러시아에 다녀온 나는 매우 놀랐다. 블라디보스토크 식당이나 바를 가 보면 사람들이 다 친절하고 심지어 미소를 지으며 손님을 맞이하고 있었다. 물론 한국 수준의 친절함은 아니다. 하지만 내가 기억하는 1990년대와 2000년대 초반 러시아와 비교하면 천지 차이다.

고객이 결국 돈이라는 인식이 조금씩 확대되는 모양새다. 더군다나 현재 서비스직에 일하는 사람들 대부분은 1990년대에 태어나서 해외에도 많이 가 보고 다른 나라 상황을 잘 아는 세대다. 더 넓은 시야를 가진 이 세대들이 사회에서 높은 위치를 차지하기 시작하면 상황이 많이 바뀌지 않을까 싶다.

—— '러시아의 느린 일 처리'를 위한 변명

이 책에서 처음으로 러시아를 위한 변명을 해보고 싶다. 러시아의 일 처리는 분명 느리고 불친절하다. 한국을 기준으로 삼으면 말이다. 그러나 기준을 전 세계로 잡으면 꼭 그렇지만은 않다. 한국이 어쩌면 비정상적일 정도로 서비스 수준이 높고 속도가 빠른 것뿐이다. 다른 나라를 살펴보면 러

지극히 사적인 러시아

시아가 그렇게까지 느린 편은 아니라고 생각한다.

　　미국에서 잠시 지낸 적이 있다. 사우스캐롤라이나대학교 대학원에 입학하여 박사 과정을 밟았다. 중도에 포기하고 다시 한국에 돌아왔지만, 일상의 경험을 꽤 했다. 사회보장번호(SSN)를 받았고, 미국차량국(DMV)에서 운전면허 시험을 치른 후 면허증을 발급받았으며, 집 월세 계약도 해 봤다. 미국으로 떠나기 전에 한국에서 10년이나 거주했던 나는 미국에서 생활하면서 한국 시스템이 얼마나 말도 안 될 정도로 빠르고 편리한지 절감했다.

　　대학 장학금을 받으려면 사회보장번호가 필요한데, 그 번호를 받으러 담당 행정 기관에 방문했다. 사회보장카드 재발급은 온라인으로 해결할 수 있지만, 처음 번호를 받을 때는 직접 가서 신청해야 했다. 금요일 오후 2시쯤 담당 기관에 갔다. 기다리는 사람들이 꽤 많아서 두 시간이 지난 오후 4시가 넘어서야 내 차례가 됐다. 직원은 내 서류를 훑어보더니 사회보장카드를 만들려면 미국 입국 기록이 필요한데, 그것은 내가 입국한 공항에서 발급해 준다고 했다. 나는 사우스캐롤라이나에 올 때 서울에서 바로 오는 직항이 없어서 텍사스의 댈러스를 경유해서 왔는데, 어떻게 해야 하냐고 물었다. 그 직원은 "댈러스 공항에다 서면으로 공식 입국 기록을 받은 후, 여기 다시 와서 사회보장카드를 신청하세요"라고 말했다. 그러고는 "수수료를 내면 우리가 대신 해 줄 수 있어요"라고 덧붙였다. 나는 큰 충격을 받았다. 미국 같은 선진국이 입국자를 통합 관리하는 시스템이 따로 없고 주마다 다르다고?

담당 직원에게 이 모든 과정이 얼마나 걸릴지 물었다. "종이 우편이 오가는 데 최소 몇 주, 최대 몇 달 정도 걸릴 거예요." 두 번째 충격이었다. 21세기 최고 선진국에서 국가 기관 간 연락을 종이 우편으로 하다니. 한국의 행정 기관을 경험해 본 나로서는 정말 이해할 수 없었다. 한국에서는 모든 일 처리가 인터넷으로 가능하지 않나. 동공이 흔들리고 있는 내게 직원이 말했다. "만약 대리 신청을 할 거면 월요일에 다시 오세요. 지금 금요일 오후라 제가 좀 피곤해서 퇴근하려고 하거든요."

결국 사회보장번호를 받기까지 총 넉 달이 걸렸다. 사회보장번호를 받아야 운전면허도 신청할 수 있었기에 슬프게도 미국 운전면허는 미국을 떠날 즈음에 받게 됐다. 러시아의 일 처리가 느리다고 해도 이 정도까지는 아니었다. 내가 러시아인이던 시절 러시아 여권을 갱신할 때도 러시아 대사관은 한 달 정도면 처리해 줬다. 이마저도 너무 오래 걸린다는 불만이 러시아 대사관 홈페이지 게시판에 도배가 됐다.

만약 러시아에 가게 된다면 여러분은 러시아식 일 처리에 분명히 충격을 받을 것이다. 그러나 그것은 당신이 한국인이기 때문이다. 한국 같은 서비스를 받을 수 있는 나라는 흔하지 않다. 조금 더 너그러운 마음으로 여유를 가져 보길 바란다. 러시아에서는 조급해 하면 본인만 손해를 본다.

러시아식 이름,
어렵지 않아요

:

한국에 와 보니 러시아인의 이름이 길고 복잡한 것으로 악명 높았다. 러시아 문학을 읽어 보면, 같은 사람인데 이름이 계속 바뀌거나, 부르는 사람에 따라 이름이 달라지기 때문이다. 개인적인 의견을 말하면, 이름 자체가 어려운 것은 아니다. 형식이 다소 복잡한 것은 인정한다.

러시아 사람들의 이름은 단어 세 개로 이뤄져 있다. 성+이름+부칭(父稱). 내 이름으로 설명해 보면 이렇다. 내가 러시아에서 살 때, 공식 서류상의 이름은 '벨랴코프(Беляков: 성)+일리야(Илья: 이름)+미하일로비치(Михайлович: 부칭)'이었다. 한국에는 부칭 개념이 없어서 한국인으로 귀화했을 때 부칭이 없어졌고, 이제는 '벨랴코프 일리야'가 됐다. 한국어로 쓰고 보면 꽤 길어 보이지만 러시아어로 치면 꽤 간단하고 쉽다. 러시아의 국민기록처에 공개된 통계 자료를 보면, 러시아에서 가장 긴 성은 '흐리스토로쥐데스트벤스끼이(Христорождественский)'다. 나의 성 '벨랴코프'는 정말 짧지 않나?

간혹 서양에서 왔으니 '이름+성'으로 표기하는 게 맞지 않냐고 하는 사람이 있는데, '성+이름'으로 표기하건 '이름+

성'으로 표기하건 자기 마음이다. 어떻게 표기할지에 대해 정해진 게 없다. 내가 보기에는 이름과 성, 둘 중 뭐가 먼저 나오는지 표기 규칙이 있다는 게 더 이상하다. 여기서 '성+이름'순으로 표기한 이유는 단지 러시아의 공문서 양식이 이 순서이기 때문이다. 자기 마음대로 순서를 바꾸면 뭐가 성이고 이름인지 헷갈리지 않냐고? 그렇지 않다. 들어 보면 이름과 성을 바로 구분할 수 있어서다. 내가 '일리야 벨랴코프'라고 하건 '벨랴코프 일리야'라고 하건 성과 이름을 헷갈릴 일이 없다. 한국 이름도 마찬가지 아닌가. '유재석'이라는 이름을 '재석유'라고 말한다고 해서 성과 이름을 구분할 수 없을까? 한국 사람들이 자연스럽게 성과 이름을 구분하는 것처럼 러시아인도 마찬가지다.

—— 아무도 모르는 성씨의 숫자

러시아의 성씨는 정말 다양하다. 정확한 수를 아무도 모른다. 전문가에 따라 조금씩 다르지만, 약 1만 5,000개의 성씨가 존재하는 것으로 보고 있다. 그중 약 800개의 성씨가 그나마 보편적으로 쓰인다고 한다.

이게 바로 러시아 성씨의 특징이다. 워낙 다양해서 나와 같은 성을 사용하는 사람을 만날 확률이 매우 낮다. 그런 가능성이 거의 없다고 보면 된다. 심지어 그나마 많이 쓰이는 성씨를 가진 사람을 만날 확률조차 1퍼센트가 채 되지 않는다. 러시아의 학교 생활기록부를 보면, 같은 성을 가진 학생을 찾기가 거의 불가능하다. 전교를 통틀어 같은 성을 가진 학생이 두 명이면 학교가 발칵 뒤집어질 정도다. 또래 친구들에게는 농담과 놀림의 대상이 된다. 한국인들로서는 이해하기 어렵고 신기한 일일지도 모르겠다.

러시아의 성씨가 다양한 이유가 있다. 러시아에서 가장 오래된 성씨들은 10~11세기부터 사용되기 시작했다. 당시에는 성씨를 가질 수 있는 사람이 귀족뿐이었다. 하지만 시간이 흘러 19세기가 되자 농민을 비롯한 하위 계급도 성씨를 가지는 게 허락됐고, 20세기 초반에는 소수 민족도 자신만의 성씨를 가질 수 있는 법이 통과됐다. 소련 시절 초창기에는 드디어 모든 사람들이 성을 가지게 됐다. 이렇게 긴 시간 동안 서로 다른 시기에 성씨가 생겨서 매우 다를 수밖에 없었다.

성씨의 유래도 매우 다양하다. 시기에 따라, 사회적 신분에 따라 유래가 다르다. 고대 시대 때 생긴 성씨들은 교회 관할 지역, 종교 명절, 주요 기념일, 조상들이 사는 지역의 주 교회의 이름에서 파생된 것들이 많다. 예를 들어, '크리스마스'는 러시아어로 로쥐데스트보(Рождество)라고 하는데, 그 명절 이름에서 파생된 성이 로쥐데스트벤스끼이(Рождественский)다.

중세 러시아에는 농노 제도가 있어서 땅과 농부를 소

유하는 가문만 성씨를 가질 수 있었다. 이때 생긴 성은 거의 대부분 그 땅의 이름이나 주변 지명에서 많이 파생됐다. 나중에 농민 역시 성을 가질 수 있게 됐을 때는 땅 주인의 이름이나 성씨에서 자신의 성을 따오는 경우도 많았다. 예를 들어서, 농민의 주인 이름이 이반(Иван)이었다고 치자. 그러면 그 농민의 성을 만들 때는 러시아어의 소유 관계를 나타내는 생격 어미 '-오프(-ов)'가 붙어서 이바노프(Иванов)가 됐다. 즉, '이반의 소유'라는 뜻이다.

직업을 기반으로 생긴 성도 적지 않다. 예를 들어, 마을에서 옛날부터 금속 세공을 해 왔던 사람(Кузнец, 꾸즈네츠: 금속 세공인)은 주변 사람들이 자연스럽게 꾸즈네초프(Кузнецов)라고 불렀다.

모든 성씨에는 유래가 있지만, 현재는 정확하게 유래를 알 수 없는 성씨도 매우 많다. 유래가 역사 속으로 사라져 도통 알 수 없게 된 성씨도 있고, 정확하게 어떤 의미를 가지는지 아리송한 경우도 있다. 내 성 역시 그렇다. 벨랴코프(Беляков)는 러시아 사람이라면 누구나 '희다, 하얗다'라는 의미로 안다. 하지만 정확하게 뭐가 하얗고, 왜 하얗다는 것인지 지금은 알기 어렵다. 예전에 마을에서 하얀 토끼를 잡아서 가죽을 가공한 후 이를 판매한 사업에서 유래한다는 설이 있지만, 진실인지는 알 길이 없다. 이 성을 가진 조상들이 눈이 많이 오는 마을에서 살았기 때문에 다른 마을 주민들이 그들을 '하얀 사람들'이라고 불렀다는 해석도 그럴 듯하기 때문이다.

성씨가 이렇게 다양하지만 문법적인 특징은 한정적이다. 성씨에 따르는 어미는 몇 개에 불과하다. 러시아 성의 65~70퍼센트 정도는 모두 '-오프(-ов)'나 '-예프(-ев)'로 끝난다. 잠깐 언급한 것과 같이, 이 어미는 원래 생격의 어미다. 즉, 소유 관계를 나타낸다. 주로 '누구의 아들' 또는 '누구의 소유'에서 파생된 것들이 대부분이다. 직업을 기반으로 한 성도 역시 이 어미의 도움을 받아 만들어졌다. 물론 현재는 소유의 의미가 완전히 사라지고 성으로만 인식할 뿐이다.

이런 어미로 끝나는 성씨들은 러시아에서 가장 흔하다. 러시아의 유명한 작가인 안톤 체호프(Антóн Чéхов), 러시아 대통령이었던 드미트리 메드베데프(Дми́трий Медвéдев), 화학 주기율표를 만든 드미트리 멘델레예프(Дмитрий Менделеев) 등을 예로 들 수 있다. 여자의 성은 뒤에 항상 '-아(-а)'가 붙어서, '-오바(-ова)'나 '예바(-ева)'가 된다. 러시아의 유명한 테니스 선수 마리야 샤라포바(Мария Шарапова)나 작가 안나 아흐마토바(Анна Ахматова)가 대표적인 사례다.

러시아 성의 약 30퍼센트 정도는 '-인(-ин)'으로 끝난다. 알렉산드르 푸시킨(Алекса́ндр Пушкин), 블라디미르 푸틴(Влади́мир Пу́тин) 등이 그렇다. '-인'으로 끝나는 성은 주로 러

'-오프'로 끝나는 성씨를 가진 대표적인 인물 '체호프'. ⓒ Getty Images

여자의 성은 뒤에 항상 '-아'가 붙어서 '-오바'나 '-예바'가 된다.
한국인들에게 잘 알려진 러시아 테니스 선수 '샤라포바'를 떠올리면 된다.

ⓒ Wikipedia

시아 중남부 지역에서 볼 수 있다.

'-스끼이(-ский)'로 끝나는 러시아 성씨도 많다. 표트르 차이콥스키(Пётр Чайко́вский), 표도르 도스토옙스키(Фёдор Достое́вский)….* 한국에서 가장 유명한 러시아 성씨의 어미가 아닐까 싶다. 이 성은 러시아보다는 폴란드, 체코, 세르비아 등 동유럽 슬라브 민족 사이에 매우 보편적이다. 우크라이나나 벨라루스의 고유 성씨 중에서도 이 어미로 끝나는 성이 많은 편이다. 문법적으로 볼 때 '어느 지역에 거주하거나 위치하는', 또는 '어떤 특징이나 성격을 가지고 있는'이라는 뜻을 가지고 있는 어미다. 즉, 한국어의 '-롭다'나 '-스럽다', '~와 관련이 있는'과 유사한 의미다. '-스끼이'로 끝나는 성은 지명과 관련이 많다. 현재 러시아어에서 널리 쓰이면서 형용사를 의미하는 어미다. '모스크바'와 '대학교'를 의미하는 '모스코브스끼이 우니베르씨쩻(Моско́вский университет)'도 '모스크바에 위치하는 대학교'라는 의미다.

여기서 드라마로 유명한 '까레이스끼이'라는 표현이 왜 잘못됐는지 알 수 있다. '한국'은 러시아어로 '까레야(Корея)'다. 러시아 내의 고려인을 지칭할 때는 '까레예츠(кореец)'라

---

* 원래는 '차이콥스끼이', '도스토옙스끼이'로 표기되어야 하지만, 국립국어원 표기 세칙에 따라 '차이콥스키', '도스토옙스키'로 적었다.

고 한다. '한국인'과 같은 말이다. 구한말 조선을 떠나 러시아에 정착한 사람이든, 북한 출신이든 남한 출신이든 상관없이 모두 '까레예츠'라고 부른다. 즉, 민족을 가리키는 단어다. 하지만 '까레이스끼이'라고 하면 '한국스러운', '한국적인', '한국과 관련이 있는', '한국에 위치하는' 정도의 의미를 지니는 형용사가 된다. 당연히 사람을 지칭할 수 있는 말이 아니다. 드라마를 보고 '아, 한국인을 러시아어로 까레이스끼이라고 하나 보다'라고 생각하면 러시아인들과 대화할 때 당황하는 모습을 보게 될 것이다.

—— 러시아인 이름은 많아야 300개

내가 처음에 한국에 왔을 때 일이다. 내가 러시아에서 왔다고 하자, 사람들이 곧바로 '효도르'를 아냐고 물어봤다. "어떤 '효도르'를 말하는 건가요?"라고 되묻자, 모두들 '어떻게 그 유명한 러시아 사람을 네가 모를 수 있니?'라는 눈빛으로 쳐다봤다. 나중에 알고 보니 격투기 선수 표도르 예멜리야넨코(Фёдор Влади́мирович Емелья́ненко)였다. (한국어로 표기한다면 효도르가 아니라 표도르다.) "러시아에서는 이름만 알려 주고 성을 이야기하지 않으면 누구인지 알 길이 없어요"라고 대답하자 모두 이해를 못하겠다는 표정이었다.

입장을 바꿔서 생각해 보면 된다. 내가 한국인에게 "이

러시아인들에게 "표도르를 아시나요?"라고 물으면,
모두가 "어떤 표도르를 말하는 건가요?"라고 되물을 것이다.
© Wikipedia

씨 아시죠? 그 왜, 유명한 이씨 있잖아요?" 하고 물으면, 바로 "누구를 말하는 거죠? 이름을 말해야 알죠"라고 되물을 것이다. 한국에서 성만 대고 이름을 말하지 않으면 누구를 말하는지 전혀 알 수 없듯이 러시아에서는 이름만 이야기하고 성을 말하지 않으면 누구인지 알 길이 없다. 러시아에서 '표도르'라는 이름을 가진 사람이 수백만 명은 될 것이기 때문이다.

이름만으로 누구인지 특정할 수 없는 이유는, 성씨와는 달리 러시아 이름들은 다소 한정적이기 때문이다. 전문가마다 의견이 엇갈리지만, 많아야 300개 정도라는 게 정설이다. 시대별로 유행했던 이름이 따로 있기 때문에 실질적으로 사용되고 있는 이름은 더욱 적다. 그래서 이름이 같은 사람을 만나는 일이 매우 잦다.

러시아의 이름은 크게 두 분류로 나뉜다. 종교와 관련된 이름(세례명, 성경 속 이름, 그리고 거기에서 파생된 이름)과 순수한 러시아식 이름이 그것이다. 순수한 러시아식 이름이란 '하늘', '빛나'와 같이 다른 문화의 영향을 받지 않고 만들어진 이름이다. 물론 시대별로, 만드는 방법에 따라, 의미에 따라 이름이 달라진다. 성씨와 마찬가지로 이름 역시 오래 전부터 만들어진 것이라 보통 사람의 경우 자기 이름의 유래나 의미를 잘 모르는 편이다.

한국에서 이름 마지막 글자가 '자(子)'로 끝나는 여성의 이름을 들으면 일제 강점기 즈음에 태어나신 분이라는 것을 대략 유추할 수 있듯이, 러시아 이름도 마찬가지다. '미르(-мир)'나 '슬라브(-слав)'와 같은 어미로 끝나는 이름은 순수한 슬라브 계통 이름이다. 아주 옛날 이름이다. 앞서 말한 '하늘'이나 '빛나'와 같은 순수 한글 이름들과 유사하다. 러시아보다도 슬라브 문화와 전통을 훨씬 더 잘 지키고 잘 보존하는 동유럽 국가에서는 아직도 이런 식으로 지어진 이름이 상당히 많다. 2000년대에 서양에 대한 로망이 샅샅이 깨지고 사람들이 다시 러시아 전통 문화에 시선을 돌리기 시작했을 때, 이런 느낌의 옛날 이름이 유행했다.

반면 1990년대에 태어난 사람들은 대부분 러시아식이 아닌 서양식 이름이 많다. 소련이 붕괴되고 러시아가 자본주의 체제로 전환되면서 부모들은 아이들이 나중에 잘살라는 의미로 서양식 이름을 많이 지어 줬다. 그래서 '안젤리나', '소피아', '다니엘'과 같은 서양식 이름이 많다.

내가 태어난 1980년대는 대부분 평범한 이름이 많았다. 여성 이름 중에는 '따냐', '레나', '까쨔', '스베타' 등이 많았고, 남성 이름은 '막심', '이반', '블라디미르', '알렉산드르', '세르게이'와 같은 이름이 많았다. 내 이름은 독특한 편이다. 러시아 옛날 동화에 '일리야'라는 아주 유명한 전사(戰士) 캐릭터가 있다. 우리 엄마 말로는 그 전사와 비슷해지라고 이름을 지어 줬다고 한다.

성경 속 이름, 또는 그에 파생해서 만들어진 이름 대부분은 영어권에서도 많이 사용돼서 한국인들에게도 익숙한 이름이 많다. 러시아어 발음으로 약간 변형돼 한눈에 들어오지 않겠지만 사실상 같은 이름이다. 예를 들어, '표트르(Пётр)'는 '피터(Peter)', '이반(Иван)'은 '존(John)', '미하일(Михаил)'은 '마이클(Michael)'이다.

일반 명사에서 차용한 이름도 있다. 믿음이라는 뜻의 '베라(Вера)', 희망이라는 의미의 '나제즈다(Надежда)', 사랑을 뜻하는 '류보비(Любовь)'가 있다.

—— 이름은 하나지만 부르는 방식은 여러 가지

한국인들에게 러시아 이름이 어려운 이유는 낯설기 때문이기도 하지만, 변형이 지나치게 많은 게 문제다. 같은 이름이라도 부르는 사람에 따라 마구 바뀐다. 이렇다 보니 러시아 작가가 쓴 책을 읽을 때면 누가 누군지 헷갈릴 수밖에 없다. 러시아에서는 인간관계에 따라 이름을 바꿔서 애칭처럼 부른다. 러시아 사람만 알 수 있는 어감의 차이 때문이다. 친구 관계인지 애인 관계인지 직장 동료인지, 만난 곳이 공적인 장소인지 사적인 자리인지에 따라 이름을 부르는 방식이 달라진다. 이런 문화를 모르면 실제 등장인물은 몇 명 안되는데도 수십 명이 등장하는 것처럼 느껴져서 러시아 소

지극히 사적인 러시아

설을 읽기 어렵게 된다.

예를 들어 보자. '예카테리나(Екатерина)'는 러시아 여성의 공식적인 이름이다. 여권이나 정부가 발급하는 서류에는 이렇게 이름을 적는다. 하지만 일상에서 이렇게 원래 이름으로 부르는 사람은 없다. 원래 이름으로 부르면 딱딱하게 느껴져서다. 대부분은 그녀를 '까쨔(Катя)'라고 부를 것이다. 친구들끼리 혹은 윗사람이 아랫사람에게 편한 자리에 이런 식으로 부른다.

만약 예카테리나가 내 여자 친구라고 해 보자. 그녀와 단 둘이 집에 있을 때, 그녀에게 무언가를 부탁할 때, 로맨틱한 분위기일 때, 나라면 그녀를 '까츄샤(Катюша)'로 부를 것이다. 내 친구에게 여자 친구 이야기를 한다면 "어제 '까테리나(Катерина)'와 밥을 먹었어"라는 식으로 말한다. 유치원생끼리 서로를 부른다면 '까찌까(Катька)'다. 이 호칭은 아이들끼리 서로 놀려먹는 듯한 뉘앙스다. 어른들은 거의 쓰지 않는다. 한국에서 '민수'라는 이름을 '만수'라고 부르는 식이다. 할머니가 손녀를 부를 때는 '까쩨니까(Катенька)'라고 한다. '우리 예쁜 똥강아지' 같은 어감을 담고 있다.

호칭은 부르는 사람이 정한다. 자기와 상대와의 관계, 주변 장소 등을 파악해서 적절하다고 생각하는 뉘앙스를 택한다. 이런 다양성에는 이유가 있다. 한국 문화에서는 사람을 부를 때 상대방의 사회적 신분과 역할, 친척 관계나 친근감을 나타내는 호칭 시스템이 매우 발달되어 있고, 일상에서 널리 사용된다. 굳이 이름을 부르지 않아도 부를 수 있는 방법이 다양하다. 오히려 한국에서는 사람을 이름으로 부르는 게 실례일 경우가 많다.

한국에 처음 왔을 때는 이런 호칭 관계에 적응하기 어려웠다. 러시아에서는 이름으로 부르면 되지만 한국에서는 이름이 아니라 직책 같은 사회적 지위를 붙이는 경우가 많아서였다. 회사에서 만난 '이 대리님'은 밖에서도 '이 대리님'이다. 승진하면 직책도 바꿔 불러야 한다. 10년 전에 다니던 회사에서 알게 된 과장님이 있는데 지금은 부장님이 됐다. 장난으로 과장님이라고 부르면 "나 이제 부장이야"라는 대답이 돌아온다. 그러면 나는 "전 이제 거기 안 다니거든요"라고 놀리는 재미가 쏠쏠하다. 반면 러시아에서는 사람을 이름이 아닌 직위로 부르거나 다른 방법으로 호칭하면 대단히 무정하고 실례되는 일이라고 생각한다. 회사에서도 이름을 부른다. 과장님, 부장님 같은 호칭을 붙이는 일은 없다. 예외적으로 수술실에서 의사를 '의사 선생님'이라고 하거나 법정에서 재판관을 '판사님'이라고 하는 정도다.

호칭 이야기가 나온 김에 하고 싶은 말이 하나 있다. 초면부터 나에게 반말을 하거나 "일리야"라고 부르는 분들이 있다. 내가 러시아에서 왔고, 외국에서는 존댓말이 없으니 외국식으로 불러야겠다고 생각하는 것이다. 그런데 나는 한국살이가 20년이 다 되어 간다. 초면인 분이 내게 반말을 하면 기분이 썩 좋지 않다. 나보다 어린 친구가 내게 "일리야" 하고 부르면 어떻게 반응해야 할지 모르겠다. 적어도 나보다 어린 친구라면, "형님"까지는 바라지 않아도 "형"이라곤 해야 하지 않겠나. 내가 한국에 사는, 한국말을 하는, 한국인이라는 걸 알아 주셨으면 한다. 에헴.

—— 어르신을 부를 때 쓰는 부칭

한국에는 없는 개념이 부칭이다. 부칭(父稱)은 말 그대로 아버지의 이름에서 따온다. 여자의 부칭은 항상 '-브나(-вна)', 남자는 '-비치(-вич)'로 끝난다. 우리 아빠의 이름은 '미하일(Михаил)'이다. 따라서 내 부칭은 '미하일로비치(Михайлович)'다. 누나나 여동생이 있었다면 그녀의 부칭은 '미하일로브나(Михайловна)'였을 것이다.

부칭은 성씨보다 더 일찍 생겼다. 부칭의 역할은 두 가지였다. 하나는 성씨가 없을 때, 같은 이름을 가진 사람끼리 구분하기 위해서였다. 다른 하나는 가족 안에서 관계를 강조하기 위해서다. 부칭을 통해 내 아버지가 누구인지 알 수 있으니 예전부터 존중의 표현으로 많이 사용돼 왔다.

부칭은 러시아 문화만의 특징은 아니다. 아랍 문화권에서도 이름에 항상 아버지의 이름을 넣고, 영어권 문화에서도 '두 번째' 이름이라고 해서 아버지나 할아버지 이름을 사용하는 경우가 많다. 그 외의 많은 문화권에서도 부모의 이름을 자녀의 이름에 어떻게든 집어넣는 방식을 찾아볼 수 있다. 어떻게 보면 아버지의 이름을 자식 이름에 사용하지 않는 한국 문화야말로 독특한 것일 수 있다.

예전에는 신분 차이나 나이 차이가 많이 날 때 부칭을 사용했다. 농노가 영주를 부를 때다. 러시아 문학에서도 이름과 부칭이 함께 불리는 인물이 나오면 높은 계급이거나 사회적 지위가 아주 높다고 보면 된다. 하지만 현재 러시아 문화에서는 부칭의 쓰임새가 많이 제한돼 있다. 아직 완전히 사라지진 않았지만 예전보다 덜 쓰는 경향이 뚜렷하다.

그래도 여전히 부칭을 꼭 써야 하는 경우가 있다. 공식적인 자리에서 사람을 소개하거나, 학생들이 학교에서 선생님을 부를 때다. 부칭이 붙은 이름은 격식을 차리는 느낌이 나고, 존중의 표현이 된다. 내가 만약 레닌을 직접 만난다면 어떻게 될까. 레닌의 풀네임은 블라디미르 일리치 레닌(Влади́мир Ильи́ч Ле́нин)이다. 블라디미르가 이름, 일리치가 부칭, 레닌이 성이다. 이런 상황이라면 나는 그를 '블라디미르 일리치'라고 부를 것이다. 나보다 나이가 한참 많고 신분 차이도 너무 크기 때문에 이름만으로 부르기에는 매우 부담스럽다.

반대로 누군가 나를 '일리야 미하일로비치'라고 부른다면 말리고 싶다. 갑자기 60대 노인이 된 것 같은 기분이 든

지극히 사적인 러시아

내가 만약 레닌을 실제로 만난다면,
"블라디미르 일리치"라고 부를 것이다.
© Wikipedia

다. 딱 한 번 이렇게 불린 적이 있다. 러시아의 모교에서 특강을 했는데 학생들이 나를 이렇게 불렀다. 얼른 손사래를 쳤다. 그 친구들이 만약 한국에 와서 나를 만난다면 나를 부를 때 '선배님'이라고 하면 된다. 여기는 한국이니까.

사투리가 없는
러시아어

:

블라디보스토크에서 대학교를 다닌 지 1년이 다 되던 때였다. 한국어를 거의 1년 동안 배운 시점이었는데, 선생님께서 더 재미있는 수업을 위해 한국 영화를 보여 줬다. 곽경택 감독의 '친구'였다. 영화를 보면서 나는 머리를 얻어맞은 느낌이 들었다. 지난 1년 동안 한국어 공부에 전력을 다했고, 1학년치고는 한국어를 잘한다는 칭찬도 받았는데, 정말 하나도 알아듣지 못했기 때문이었다. 자신감이 와르르 무너졌다고 해야 하나. 영화 속 대사는 내가 배운 한국어와 전혀 달랐다. 억양, 어휘 모두 달랐다. 교수님께서는 빙긋이 웃으시며 이 영화의 대사를 알아듣지 못하는 게 당연하다며 한국어 사투리 수업을 시작했다.

영토 크기를 비교하면 한국은 러시아 연해주보다 작은 나라다. 그런데 지역마다 언어가 다르다니 신기했다. 강원도의 어투와 충청도 말의 속도는 매우 독특했으며, 옛 서울말은 표준어가 아니었으며, 경상도 사투리와 전라도 사투리가 달랐다. 이렇게 작은 나라에, 민족이 다르지도 않은데, 어떻게 이토록 말이 다를 수 있을까. 러시아인이었던 나로서는 하나도 이해할 수 없었다. 왜냐하면 러시아어에는 사투리가 없기 때문이다.

　모스크바에서 쓰는 러시아 말은 블라디보스토크나 다른 지방에서 사용하는 러시아 말과 아무런 차이가 없다. 음운론이나 어휘론을 연구하는 언어학자가 아닌 이상 일반인이 들을 때는 아무런 차이를 느낄 수 없다.

　러시아어에 사투리가 없다는 사실을 실제로 확인한 것은 대학교에서였다. 그 전까지는 내가 블라디보스토크에서만 거주했기 때문에 다른 지역 사람들을 만날 일이 거의 없었다. 대학에서 러시아어 언어학 수업을 들어 보니, 정말로 러시아어에는 사투리가 없었다. 지역마다 러시아어 어투 (говор)가 조금 다를 뿐이다. 한국처럼 사투리는 없지만 지역마다 약간의 특색이 있는 정도였다. 모스크바 사람들은 '아' 발음을 다른 지역보다 0.1초 더 길게 발음하는 편이고, 볼가강 쪽에 거주하는 사람들은 비강세 '오'를 '아'처럼 발음하지 않고 정확하게 '오'로 발음하는 정도였다. 너무나 미세한 차이여서 '다르다'는 사전 지식이 있어야 알아챌 수 있었다. 러시아어를 외국어로 배우는 유학생이라면 이런 차이점을 전혀 느끼지 못할 것이다.

　나는 한국에 와서야 러시아의 다른 지역 출신 친구들을 만날 수 있었다. 러시아 중부, 북부, 남부, 시베리아 등에서 온 친구들과 많이 놀았다. 하지만 언어 측면에서 내가 쓰는 러시아어와 전혀 차이를 느끼지 못했다. 차이라고 해 봤자 부유한 대도시 출신과 외딴 시골 마을 출신이 가진 세계관의 차이, 1년 중 7개월 이상이 겨울인 러시아 북쪽 지방 출신과 365일 햇빛이 쨍쨍한 남부 지방 출신의 성격 차이, 그리고 에메랄드 빛 바다에서 살았던 사람의 성격이 다르다는 정도였다.

그렇다면 러시아에 사투리가 없는 이유는 무엇일까. 역사에서 찾을 수 있다. 사투리가 강한 언어권을 보면 비슷한 현상이 나타난다. 특정 지역에 거주하고 있는 민족이나 부족이 지리적 장애물 때문에 타 지역과 교류를 잘 하지 못한 채 같은 지역에서 쭉 살아왔다는 점이다. 언어를 포함해서 수많은 옛날 전통들이 고스란히 보존됐을 가능성이 매우 높다. 한국이나 중국을 보면 그렇다. 예전부터 한 지역에서 오랫동안 살아온 공동체가 많다. 러시아는 다르다. 사람들은 모스크바와 키이우(우크라이나 수도)와 같은 중심지에서 살아왔다. 러시아 동쪽은 나중에 탐험가와 모험가 들이 새로 개척했다. 언어도 새롭게 개척한 곳에 그대로 옮겨졌다.

러시아어가 러시아는 물론 인접 국가에서 공용어가 된 것은 소련 시절의 영향이 크다. 소련 정권은 러시아어를 사용하지 않던 구소련 국가들에게도 러시아어를 강요했다. 그러고는 소련 전역에 같은 언어 기준을 적용하고 관리했다. 우크라이나든 우즈베키스탄이든 러시아든 전국의 모든 학교에서 똑같은 교과서를 보고 똑같은 방송을 들었다. 모

소련산 라디오 셀레나 B210.
소련 정부는 소련 전역에 같은 언어 기준을 적용하고 관리하는 차원에서
모두 똑같은 방송을 듣도록 했다.
ⓒ Wikipedia

든 서류, 국가 서비스의 표준어 역시 러시아어였다. 이 때문에 소련이 붕괴된 지 30년이나 지난 지금도 구소련 국가 사람들은 여전히 러시아어를 잘한다.

소련 시절에는 국민의 이동이 잦았고 규모도 엄청났다. 중앙 출신이 극동에 가서 일했고, 수형자는 강제 노동을 위해 시베리아에 이송돼서 현지 인구에 큰 영향을 끼치기도 했다. 이런 국민 대이동 정책 때문에 사실상 출신 지역에 상관없이 모든 소련 국민들이 여기저기 흩어졌고, 언어는 비슷해져 갔다. 20세기 중후반 소련에 속한 나라는 다 비슷한 러시아 말을 사용하고 있었다. 해당 지역의 특정 어휘나 어투는 행정력이 미치기 어려운 산골짜기에 있는 마을이 아닌 이상 보기 힘들어졌다.

—— 슬라브어에서 매우 멀어진 러시아어

언어학적으로 보면 러시아어는 벨라루스어, 우크라이나어와 함께 동슬라브 어족에 속해 있다. 이 세 언어는 매우 비슷하다. 나는 우크라이나어나 벨라루스어를 따로 배운 적이 없지만, 말을 듣거나 글을 읽는 데 별로 어려움이 없다. 내용의 70~80퍼센트 정도를 이해한다. 러시아어와 우크라이나어의 차이는 서울말과 북한말 차이보다 아주 약간 더 심한 정도다.

러시아어가 속한 슬라브 어족에는 폴란드어, 세르비아어, 슬로바키아어, 체코어 등 동유럽 국가 언어들이 있는데, 이 언어들과는 차이가 크다. 사전 준비 없이 그 언어들을 듣거나 읽으면 내용의 40퍼센트 정도밖에 이해하지 못한다. 물론 매우 힘들게 공부해야 이해할 수 있는 정도는 아니다. 마음만 먹으면 비교적 빠르고 쉽게 배울 수 있다.

내가 처음으로 동유럽 친구를 만난 건 한국의 대학교에서 공부했을 때다. 같은 문화권 출신이어서 서로 반가워하며 자주 어울렸다. 그런데 당시 동유럽 친구들의 말을 듣다 보니 러시아어보다 훨씬 더 '슬라브스럽다'는 느낌을 받았다. 무슨 말인고 하니, 그 친구들의 말이 17세기 러시아어처럼 들렸다는 이야기다. 조선 시대를 배경으로 하는 사극에서 지금은 쓰지 않는 하오체를 현실에서 듣는 것 같은 느낌이라고 보면 된다.

거꾸로 동유럽 친구들 입장에서는 러시아어가 매우 이상하다고 했다. 외래어가 너무 많고, 평범한 단어를 이상하게 사용한다는 이야기를 많이 들었다. 북한말과 한국말의 차이 정도로 비유할 수 있을 것 같다. 아이스크림을 북한에서는 '얼음 보숭이'라고 하는 것처럼 말이다. 러시아어는 외래어가 많지만 동유럽에서는 외래어를 러시아만큼 사용하지 않아서 서로 이야기하면 어색한 단어가 많다.

이런 현상에 호기심이 생겨서 따로 공부를 조금 해 봤

다. 그 결과 모든 슬라브 어족 중 유일하게 가장 '슬라브스럽지 않은' 언어가 바로 러시아어였다. 다른 슬라브 언어들은 자기 전통을 지키고 보수적인 자세를 취해서 시간이 흘러도 거의 변하지 않는 모습을 보였다. 즉, 16세기 때 썼던 폴란드어와 현재 폴란드어는 거의 유사했다. 폴란드어는 거의 변하지 않았다는 말이다. 하지만 러시아어는 매우 많이 변했다. 다른 슬라브어보다 외래어가 많고, 문법, 어휘, 발음, 변하지 않은 부분이 없을 정도였다. 심지어 글자마저 변했다. 9세기에 키릴과 메포디 수도사들이 그리스 알파벳을 기준으로 해서 개발한 러시아어 알파벳과 지금의 러시아어 알파벳은 꽤 다르다.

12세기부터 14세기까지는 몽골 지배로 인해 러시아어에 많은 몽골어가 들어왔고, 17세기 표트르 대제의 개혁 때문에 유럽, 주로 프랑스어와 네덜란드어에서 많은 외래어들이 유입됐다. 20세기에는 체제 때문에 새로 생긴 단어나 문법이 많았고, 21세기 초반에는 영어에서 차용한 외래어가 우르르 들어왔다.

그래서 현재 러시아어는 순수한 슬라브 뿌리를 떠나 다른 언어들이 많이 섞인 것이라고 봐야 한다. 이해를 쉽게 하려면, 한국어와 북한어를 생각하면 될 것 같다. 같은 언어지만 확실한 차이가 있고 사투리 차원을 넘어 서로 다른 두 나라의 언어라고 봐야 한다. 내 친구 중에 새터민도 몇 명

러시아어는 다른 슬라브어에 비해 매우 많이 변했다. 심지어 글자마저 변했다.

있는데, 그 친구들에게 한국에 살면서 적응하기 가장 어려운 것이 뭐냐고 물어보면 모두 언어라고 이야기한다. 현재 한국어는 영어에서 가져온 외래어도 엄청 많고 언어 자체가 북한보다 많이 진화해서 '조선어'와 다르다. 이 차이보다 몇 배 더 심한 게 바로 러시아어와 다른 슬라브계 국가의 언어 차이다.

이런 상황에서도 재미있는 게 있다. 우크라이나어에도 폴란드어에도 다른 슬라브 언어에도 확실한 사투리가 있다는 점이다. 폴란드 친구의 말을 들어 보면 폴란드 수도인 바르샤바에서 쓰는 말과 다른 지방인 크라쿠프에서 쓰는 말이 전혀 다르다. 폴란드인이라면 바로 그 차이를 알아챌 수 있다. 보수적인 환경에서 언어의 진화가 많이 이뤄지지 않은 결과다. 하지만 계속 빠른 속도로 진화하는 러시아어는 지역에 상관없이 동일성을 유지하는 데 성공했다. 신기한 언어학적 사실이다.

러시아의
크리스마스는
1월 7일입니다

러시아 법정 공휴일	
1월 1~5일	새해 연휴
1월 7일	크리스마스
2월 23일	조국 수호자의 날
3월 8일	세계 여성의 날
5월 1일	노동절
5월 9일	대조국전쟁 승전일
6월 12일	러시아의 날
11월 4일	국가 연합의 날

공휴일은 아니지만 기념하는 날	
4월	부활절
6월 1일	어린이 날
6월 6일	러시아어의 날
7월 31일	해군의 날
9월 1일	지식의 날

러시아의 법정 공휴일과 국가 기념일을 정리해 봤다. 눈치 챘겠지만 러시아의 공휴일은 한국에 비하면 상당히 적다. 2021년 기준으로 한국의 법정 공휴일이 15일인데 러시아 는 12일에 불과하다. 그런데 내 체감상으로는 러시아가 한 국보다 쉬는 날이 더 많다. 러시아와 한국을 모두 아는 주변 사람들의 의견도 그렇고, 개인적으로도 그렇게 생각한다.

이유는 두 가지다. 첫째, 러시아에는 대체 휴일 제도가 있다. 토요일과 일요일이 공휴일이면 다음 주 월요일은 항상 쉰다. 이제 한국도 대체 휴일 제도가 들어와 정착 중이지만 러시아에서는 진작부터 있었던 제도다. 주중 공휴일과 토요일 및 일요일 사이의 '샌드위치 데이'에도 쉰다. 예를 들어, 3월 8일 '세계 여성의 날'이 목요일이라면 다음 날인 3월 9일 금요일도 휴일로 친다. 직장인 입장에서는 목요일부터 일요일까지 나흘 동안 쉴 수 있다.

게다가 이런 연휴를 앞두면 어김없이 작동하는 러시아만의 독특한 직장 문화 때문에 사실상 휴일이 반나절 정도 더 늘어난다. 러시아에서는 연휴 시작 전날에 제대로 일하는 사람을 찾아보기 힘들다. 앞서 언급한 3월 8일 '세계 여성의 날' 전날인 3월 7일 오후에 공공 기관이나 일반 회사를 방문해 보면, 어김없이 담당자가 오전에만 일하고 퇴근했거나 회식을 하고 있다. 전국이 며칠 동안 멈추는 새해 연휴나 5월 초 휴가를 앞두고는 그 자리에서 금방 해결할 수 있는 일이 아니면, 할 수 있는 일이 없다고 보면 된다. 그래서 러시아에서는 공휴일 전날에 공공 기관을 방문하거나 회사에서 미팅 계획을 잡지 않는다. 웬만하면 자제하고, 모두 연휴가 끝난 후로 미룬다. 러시아인들은 이게 예의라고 생각한다.

둘째, 휴가 일수가 아주 많다. 휴가 일수는 업계마다 조금씩 다르지만, 법으로 보장된 기본 휴가 일수는 30일이다. 의료계에서는 휴가가 60일 정도 되고, 직급과 연차에 따라서 90일까지 늘어날 수도 있다. 모두 유급 휴가다. 휴가와 더불어 공식 공휴일에 대체 공휴일까지 더해지면 러시아 회사에서는 일하는 날보다 노는 날이 더 많은 듯한 느낌이 든다.

이런 시스템은 일견 천국처럼 보이지만 치러야 할 대가도 만만치 않다. 우선 긴 휴식 덕분에 노동자는 피로감을 해소할 수 있지만, 연휴 앞뒤로 효율성과 속도, 정확도가 매우 떨어진다. 긴 연휴를 앞두고 있다는 설렘으로 업무에 집중하지 못한다거나, 휴가 후 후유증이 아주 세게 온다. 또, 휴가 때문에 업무가 멈춘다. 직원이 휴가를 갔다고 해서 동료가 일을 대신해 주는 경우는 없다. 아주 긴급한 일이라도 그렇다. 외국 회사와 연락을 주고받던 담당자가 휴가에 돌입하면 담당 업무가 아예 진행되지 않는다. 병원의 경우, 의사가 휴가를 가면 담당 분야 진료가 중단되는 일이 비일비재하다. 러시아인들에게는 당연한 문화이지만, 한국에 오래 산 나는 눈살이 찌푸려진다.

—— 모두가 기다리는 새해 연휴

러시아에서 가장 중요한 휴일은 새해다. 한국의 설날과 추석이 더해진 것만큼 중요하다. 러시아인들에게 가장 좋아하는 휴일을 물으면, 99퍼센트 이상은 새해라고 대답할 것이다. 그만큼 러시아인들이 가장 좋아하고, 아이들이 가장 많이 기다리며, 축제나 이벤트가 가장 많이 열리는 시기다.

연휴의 시작은 1월 1일이지만, 들뜬 분위기는 훨씬 전부터 느껴진다. 12월 중순부터 도시 곳곳에 크리스마스트리가 세워진다. 가게, 마트, 대형 쇼핑몰, 행정 기관 등에 크리스마스 장식들이 보인다. 도시마다 분위기가 약간 다르지만, 돈 많은 모스크바나 상트페테르부르크는 도시 전체를 겨울 왕국처럼 반짝거리는 불빛으로 뒤덮는다. 시선을 어디로 돌리든 명절 분위기가 느껴지도록 말이다.

12월 마지막 주에는 러시아 전체가 바쁘다. 가족과 친구들에게 선물을 사 주려는 사람들로 쇼핑몰이 붐빈다. 마트 계산대 앞은 명절 음식에 쓰일 재료를 할인가에 사려는 사람들로 북적인다. 이 즈음에 러시아 가정은 크리스마스트리를 구입한다. 산림이 많은 러시아에서는 숲속 나무를 베어 크리스마스트리로 이용하는 걸 선호한다. 자연산 나무가 향기도 좋을 뿐만 아니라, 진짜 명절 분위기를 내는 데 제격이라고 생각하기 때문이다. 연말에 러시아 도시를 방문하면 길가에 숲에서 베어 온 크리스마스용 나무를 쌓아 놓고 파는 트럭을 흔하게 볼 수 있다. 하지만 최근에는 분위기가 조금 바뀌어 인조 나무를 구매하여 재사용하는 이들이 많아지고 있다. 진짜 나무는 물도 계속 줘야 하고, 가시도 떨어지기 때문이다. 대도시 아파트에서 거주하는 이들

지극히 사적인 러시아

붉은 광장의 크리스마스. 성 바실리 성당에 조명에 비춰지고,
거리에 불빛이 반짝거리면 분위기가 절정에 이른다.
ⓒ Getty Images

에게 이런 경향이 뚜렷하게 보이는 것 같다.

　12월 31일은 휴일이 아닌데도 일하는 사람을 찾아보기 매우 힘들다. 오후가 되면 사람들의 발길이 빨라진다. 모두들 새해를 맞을 장소로 이동하는 것이다. 보통 집에서 가족과 함께 TV 앞에 옹기종기 모이지만, 친구와 놀러 가는 사람들도 있고, 애인과 맞는 커플들도 심심치 않게 볼 수 있다. 고급 레스토랑으로 향하는 사람들도 있고, 아예 해외로 떠나는 사람들도 있다. 러시아 문화에서는 '새해를 맞은 대로 일 년을 보내리라'라는 미신이 있어서 대부분 많은 사람들과 함께 신나게 보내려고 노력한다.

　밤 11시쯤이면 밖에 아무도 없다. 다들 맛있는 음식을 먹으며 즐거운 시간을 보내기 바쁘다. 밤 11시 55분이 되면 시차에 맞춰 전국 모든 방송에서 러시아 대통령의 대국민 방송이 나온다. 1970년대부터 시작된 이 방송은 한 해도 거르지 않고 현재까지 이어지고 있다. 영상은 사전 녹화된 것인데, 대통령은 한 해를 보낸 국민들을 위로하고, 새해 행복과 행운을 빌며 샴페인 한 잔을 든다. 방송은 11시 59분에 맞춰 끝난다. 마지막 60초 동안 사람들은 모스크바 크렘린 궁에 달려 있는 시계 소리를 들으며 새해를 기다리고 소원을 빈다. 12시 정각이 되면 서로에게 축하의 말을 건네며 샴페인을 마시며 신나게 논다. 아이들이 있는 가족은 집 밖으로 나가 불꽃놀이도 한다. 새벽에 TV에서는 새해 분위기가 물씬 나는 영화를 내보낸다.

1월 1일이 되면 러시아 전체가 매우 조용해진다. 모든 가게와 마트가 문을 닫고, 거리는 한산하다. 사람들은 주로 집에 머문다. 어제 만든 음식을 먹고 TV를 보며 게으른 하루를 보낸다. 설날 당일의 서울 풍경과 비슷하다.

모두가 새해를 기다리는 이유는 또 있다. 바로 선물 때문이다. 러시아에서는 새해가 되면 서로에게 반드시 선물을 줘야 한다. 어린 시절에 우리 집은 형편이 좋지 않아서 엄마에게 선물을 받을 수 있는 날이 새해 첫날밖에 없었다. 그래서 매년 이날만 기다렸다. 우리 집은 크리스마스트리를 늘 엄마 방에 세워 놨는데, 새해 첫날이 되면 어떤 선물이 크리스마스트리 밑에서 나를 기다리고 있을지 설렘으로 가득 찼다. 엄마가 여전히 주무시는 이른 아침에 살며시 문앞까지 기어가서 문과 문턱 사이로 살짝 보이는 크리스마스트리 밑을 뚫어져라 쳐다봤다. 선물의 정체가 무엇일까 온갖 상상을 하면서 말이다.

특별히 기억에 남은 선물이 있다. 중학교 때 친구 집에 놀러 갔는데, 그 집에 레고 철도 블록이 있었다. 선로를 직접 조립하고, 그 위에 기차를 움직이게 하는 레고 블록이었다. 엄청 탐이 났다. 마트에 갈 때마다 항상 주문에 걸린 사람처럼 그 레고 장난감 박스 앞으로 다가가 오랫동안 바라봤다. 아마 엄마는 내 마음을 눈치채셨겠지만 당장 그걸 사

줄 여력은 없으셨을 것이다. 그러다가 새해 아침에 엄마 방에 있는 크리스마스트리 밑에서 그 철도 레고 블록을 발견했다. 나도 모르게 행복에 겨운 비명을 질러댔고 엄마가 잠에서 깼다. 나는 아침 식사도 하지 않고 양치질도 하지 않은 채 오전 내내 엄마랑 선로를 조립하고 기차 놀이를 했다. 나의 어린 시절을 통틀어 가장 행복했던 순간 중 하나다. 엄마가 레고 철도 블록을 사 주기 위해 그해 여름부터 야근을 하면서 추가 수당을 벌었다는 이야기는 훨씬 나중에 어른이 다 돼서야 알게 됐다.

새해 연휴가 끝나면 곧이어 크리스마스다. 러시아에서 크리스마스는 12월 25일이 아니라 1월 7일이다. 서구의 크리스마스와는 14일 차이가 난다. 가톨릭에서는 그레고리력을 사용하지만, 러시아 교회를 포함한 동슬라브 교회는 율리우스력을 사용하기 때문이다.

러시아의 크리스마스는 종교적인 축제다. 한국처럼 남녀 커플이 만나서 카페나 놀이공원에서 즐거운 시간을 보내거나, 가족과 외식을 하는 풍경을 보기 힘들다. 진심으로 하나님을 믿는 이들이 예수의 탄생을 기리는 날이라고 보면 된다. 종교가 없거나 러시아 정교회 소속이 아닌 이들에게 1월 7일 크리스마스는 그냥 쉬는 날 중 하루일 뿐이다. 나는 종교가 없어서 러시아의 종교 이야기를 하기는 어렵지만, 내 체감상으론 러시아 국민의 반 정도는 러시아 정교

지극히 사적인 러시아

회 신자인 것 같다. 솔직히 러시아에서 살 때 주변에 종교를 가진 사람은 만나본 적이 없지만 뉴스를 보면 신자가 많은 것처럼 느껴진다.

　나 역시 크리스마스를 기념하지 않았다. 종교가 없는 집안인데다 러시아 교회나 성당에 가 본 경험도 없다. 크리스마스가 뭐 하는 날인지 거의 몰랐다. 아는 것이라곤 뉴스를 통해 귀동냥한 지식 정도였다. 그러니 한국에 처음 왔을 때, 크리스마스 풍경에 놀라지 않을 수 없었다. 한국의 크리스마스는 사실상 전 국민의 명절이다. 종교와는 거의 상관없는 상업적인 분위기가 강하다. 소비를 폭발시키는 날이라고 할까. 영화에서 본 미국의 크리스마스 분위기와도 너무나 달랐다. 미국에서 크리스마스는 러시아인들의 새해 명절과 비슷한 의미다. 가족과 함께하는 큰 명절이다. 한국에서는 커플들이 데이트를 하고 선물을 주고받아야 한다는 인식이 강하다. 연말을 기념하는 명절도 아니고 종교적 의미를 기리지도 않는다. 그저 커플들이 데이트를 얼마나 화려하게 하느냐를 보여 주는 날인 것처럼 느껴진다. 자본주의의 잔칫날이라고 할까.

—— 여성의 날 vs 남성의 날

3월 8일 '세계 여성의 날'은 공휴일이다. 한국인에게는 좀 낯설겠지만, 러시아인이면 누구나 좋아하는 날이다. 말 그대로 모든 여성을 기리는 날이다. 이때는 모든 남성들이 주변 여성들에게 축하의 말을 건넨다. 배우자나 딸, 여자 친구는 물론 회사 동료, 심지어 마트 계산대 여성 직원에게도 축하 인사를 전한다. 그렇게 하지 않으면 매우 무례한 사람 취급을 받는다. 또, 모든 여성들에게 친소 구분 없이 꽃을 주는데, 가까운 여성에게는 보통 선물을 준다. 러시아 남성 입장에서는 지갑이 탈탈 털리는 날이라고 보면 된다.

한국에서 살다 보니 '세계 여성의 날'을 챙기지 못하게 됐다. 한국에서는 여성계의 행사라는 의미가 크다. 게다가 러시아에서처럼 이성에게 꽃을 선물했다가는 오해받기 딱 좋다. 이런 분위기를 핑계로 '세계 여성의 날'을 그냥 보내면 엄마에게 전화가 온다. 여성의 날인데 최소 축하 전화는 해야 하지 않냐며 섭섭해하신다.

꽃을 파는 이들은 여성들만큼이나 연중 가장 행복한 날을 보낸다. 매년 나오는 통계 자료에 따르면, 3월 첫째 주는 꽃집 사장님들이 가장 바쁘고 돈을 제일 많이 버는 시기다. 이 즈음에 러시아를 여행하면, 3월 7일부터 도시 곳곳에서 꽃다발을 파는 트럭들이 줄을 서는 풍경을 볼 수 있다.

'세계 여성의 날'에는 러시아 대통령의 축하 방송도 나온다. 그만큼 러시아에서 중요하게 여기는 날이다. 매년 대

매년 3월 8일 '세계 여성의 날'이 다가오면
러시아 거리에서는 꽃을 사는 남자와 꽃을 든 남자로 가득하다.
ⓒ Getty Images

통령이 직접 방송에 출연해서 이런 축사를 한다.

"사랑하는 우리 러시아 여성 여러분! 우리 엄마들, 딸들, 할머니들! 이 따뜻하고 꽃이 피기 시작하는 봄날에 아름다운 우리 여성분들에게 진심으로 축하의 말씀을 드리고 싶습니다. 우선 우리를 항상 돌봐 주고, 항상 우리 곁에 있어 주며, 우리에게 식사도 제공하고, 우리 집을 따뜻하고 깨끗하게 해 주시는 노고에 고개 숙여 감사드립니다. 전 세계에서 미모로 가장 유명한 우리 여성분들, 참으로 대단합니다.
우리 러시아 남성들은 남자의 역할을 열심히 할 테니 여성 여러분도 여자가 해야 하는 역할을 성실히 이행해 주십시오. 꽃보다 예쁜 우리 여성분을 지지하는 사회가 되도록 노력하겠습니다."

이 연설은 보편적인 성 평등 기준에서 보면 심각한 수준이다. 남성이 여성에게 감사를 표하는데, 그 이유는 여성이 남성을 돌봐 주고, 밥을 해 주고, 가사를 전담해서다. 그리고 이를 여성의 역할로 단정하고 더욱 성실히 임해 달라고 당부한다. 서구의 지도자나 한국 대통령이 이런 연설을 한다면 지지율과 여론은 어떻게 될까.

하지만 러시아 여성들은 많이 좋아한다. 남녀의 성 역할이 다르다고 생각하고 당연하게 받아들인다. 대통령이

지극히 사적인 러시아

나서서 이를 인정하고 격려해 준다는데 싫을 게 뭐가 있냐고 생각한다. 이날 만큼은 특별한 대우를 받고, 어딜 가나 관심의 대상이 되니 오히려 좋다고 본다.

사실 여성들이 힘들게 산다는 인식도 있는 것 같다. 하는 일이 많고 책임질 일도 많으니 하루 정도는 여성들을 대접하자는 것이다. 한국에서는 이해하기 어려운 사고방식이다. 여성이 힘들면 힘든 일을 줄이거나 분담해야 하는 게 정답이다. 하지만 러시아에서는 가사나 육아는 여성들이 할 일이다. 나누거나 분담할 대상이 아니다. 그렇기에 여성의 날을 더욱 중요하게 챙겨야 한다.

'남성의 날'은 따로 없지만, 최근에는 2월 23일이 그런 날이 돼 가고 있다. 이날은 원래 '조국 수호자의 날'이다. 러시아 군대는 징병제인데, 현역에 복무 중인 군인과 직업 군인을 기린다. 그런데 시간이 흐르면서 '조국 수호자의 날'이 자연스레 '세계 여성의 날'과 유사한 성격을 갖게 됐다. 모든 여성들이 주변의 남성들에 축하 인사를 건네고, 가까운 남성에게는 선물을 주는 날이 된 것이다.

상황이 이렇다 보니 '조국 수호자의 날'이 '세계 여성의 날' 리허설이라는 농담이 생겼다. 이날 여성에게 평범한 선물을 받은 남성은 2주 후 그 여성에게 그저 그런 선물로 복수하겠다고 농을 던진다. 러시아 남성들에게 가장 평범하다고 여겨지는 선물은 남성성을 상징하는 면도 크림이나 양말이다. 남자에게 이런 선물을 건네면 3월 8일에는 꽃 몇 송이만 건질 각오를 해야 한다. 물론 러시아 남성들의 협박은 거의 농담이긴 하지만 아무래도 오는 게 있어야 그만큼 가는 게 있다.

—— 아프지만 자랑스러운 역사를 기억하는 날

'대조국전쟁 승전일'인 5월 9일은 러시아에서 새해 다음으로 큰 공휴일이다. 러시아 현대사에서 중요한 의미를 가진 날이기도 하지만, 최근에는 정치적인 이유 때문에 널리 기념하고 강조하고 있다. 이날은 대조국전쟁, 즉 제2차 세계대전 승전일을 의미한다.

1945년 5월 8일 소련군은 독일 베를린에 진군해 나치 독일의 국회 건물을 장악한 후 소련 국기를 올렸다. 아시아 지역에서는 여전히 일본이 버티고 있는 상황이었지만, 나치 정권이 무너지면서 사실상 제2차 세계대전이 마무리가 된 날이다. 독일과 싸우면서 약 3,000만 명의 희생자가 발생한 소련은 이날을 공식적으로 제2차 세계대전이 마무리된 시점으로 여기고, 20세기의 소련의 최대 업적 중 하나로 꼽는다. 그러고는 그다음 날을 공식적인 기념일로 삼았다. 소련 체제가 무너지고 나라 이름이 바뀐 현재에도 대조국전쟁과 연관이 없는 집은 찾아보기 힘들다. 말 그대로 온

5월 9일 대조국전쟁 승전일에는 군사 퍼레이드를 펼치고, 참전 용사들을 기린다.

국민에게 아픈 역사다. 우리 집도 무관치 않다. 친가와 외가의 증조할아버지와 증조할머니 들께서 그 전쟁에서 독일과 싸우다가 돌아가셨다.

사실 1945년 당시 전쟁에서 싸우다가 사망한 병사를 기리는 행사는 베를린 진군 다음 날인 5월 9일에 딱 한 번 진행하고 거의 신경 쓰지 않았다. 그러다가 1980년대에 들어서 소련 내 정치 및 경제 상황이 악화되자 중앙 지도부는 소련의 위대함을 강조하기 위해 '대조국전쟁 승전일' 카드를 꺼내 빨간 날로 지정했다. 5월 9일이 되면 모스크바에서는 대대적인 규모는 아니었지만 소련이라는 나라의 군사력을 과시할 수 있을 정도로 군사 퍼레이드를 펼쳤다. 군인들이 열을 지어 행진했고, 새로운 무기도 자랑했다. 싸우다가 죽은 사람들, 그리고 생존해 있는 베테랑들을 기리는 행사를 열었다.

러시아는 2010년대에 들어 이 행사의 규모를 엄청나게 키우고 의미를 더하기 시작했다. 2010년대 들어 정치와 경제 측면에서 내리막길을 타게 되자 과거에서 자랑거리를 찾은 것이다. 소련이 지구에서 가장 위대한 나라였다고 무한 반복하는 푸틴 대통령에게는 5월 9일이 방패막이와 같은 날이다. 다른 나라들은 역사를 부정하고 왜곡하지만 러시아만은 유일하게 역사를 올바르게 기억하고 있다는 레퍼토리가 5월마다 울려 퍼지기 시작했다. 전쟁 승리는 어느

지극히 사적인 러시아

나라에서든 영광스럽고 기념할 만한 일이겠지만, 작금의 러시아에서는 이를 지나치게 과장하고 정치적인 목적을 위해 이용하고 있다. 심지어 '대조국전쟁에서 소련의 주도적 승리 사실 부인'이라는 죄목을 만들고, 공개적으로 소련을 비판하는 목소리를 막고 있다.

정치적 의도가 무엇이든 간에 5월 9일은 러시아인들에게 매우 중요한 날이다. 80년 가까이 지난 지금도 러시아 각 가정에는 전쟁의 상흔이 남아 있다. 그래서 러시아를 위해서 싸운 할아버지와 할머니 들을 기억하는 게 당연하다고 생각한다. 그저 휴일이 아니라, 여전히 생채기로 남아 있는 역사를 기억하는 날로서 말이다.

—— 대문호 푸시킨을 기리는 '러시아어의 날'

한국에 한글날이 있듯이 러시아에도 '러시아어의 날'이 있다. 6월 6일인데, 러시아에서 가장 위대한 작가로 추앙받는 알렉산드르 푸시킨(Александр Пушкин, 1799~1837)의 생일이다. 이날은 공휴일이 아니지만 많은 행사가 열린다. 러시아 사람을 위한 '러시아어 시험', 외국인을 위한 '러시아어 말하기 대회' 등이 진행되고, 러시아어 및 러시아 문학이 얼마나 훌륭한지 강조한다.

푸시킨의 생일을 '러시아어의 날'로 정한 이유는 푸시

모스크바에 위치한 푸시킨 동상.

킨이 러시아 문학의 아버지로 불리기 때문이다. 러시아 문학의 대명사는 곧 푸시킨이다. 한국에서 한글은 곧 세종대왕인 것과 비슷하다. 푸시킨의 위대함은 러시아어를 알아야 이해할 수 있다. 러시아어를 아름답게 표현하는 법을 만든 사람이 푸시킨이지만 번역으로는 표현할 방법이 없기 때문이다. 대표적으로 그의 시를 예로 들 수 있다. 푸시킨은 소설뿐 아니라 시도 썼다. 러시아에서는 사실상 러시아의 시를 만들어낸 사람으로도 통한다.

'삶이 그대를 속일지라도'

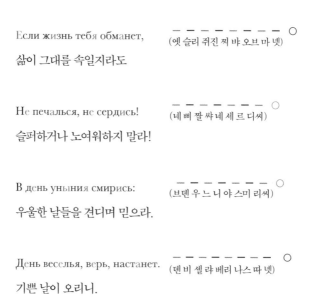

Если жизнь тебя обманет,
(옛 슬리 쥐진 찌 뱌 오브 마 넷)
삶이 그대를 속일지라도

Не печалься, не сердись!
(녜 삐 짤 쌰 녜 세 르 디씨)
슬퍼하거나 노여워하지 말라!

В день уныния смирись:
(브롄 우 느 니 야 스미 리씨)
우울한 날들을 견디며 믿으라.

День веселья, верь, настанет.
(덴 비 셸 랴 베리 나스 따 넷)
기쁜 날이 오리니.

Сердце в будущем живет;

마음은 미래에 사는 것.

━ ━ ━ ━ ━ ━ ○
(세른 쩨 브부두 쥠지봇)

Настоящее уныло:

현재는 슬픈 것.

━ ━ ━ ━ ━ ━ ━ ○
(나스 또 야 쉐에 우 늘 로)

Все мгновенно, все пройдет;

모든 것은 순간적인 것,

지나가는 것이니

━ ━ ━ ━ ━ ━ ━ ○
(브쇼 므그노 벤노 브쇼 브로이 돗)

Что пройдет, то будет мило.

그리고 지나가는 것은

훗날 소중하게 되리니.

━ ━ ━ ━ ━ ━ ━ ○
(쉬또 브로이 돗 또 부 뎃 밀 로)

푸시킨의 '삶이 그대를 속일지라도'는 아름다우면서도 긍정적인 삶의 태도를 전하는 시로 한국에서도 유명하다. 그런데 이 시의 진짜 진수는 시를 읽을 때의 운율에 있다. 러시아어 특유의 강세를 활용해 모든 행이 같은 리듬으로 읽힌다. 오언 절구의 한시와 비슷한 개념이다. 한시를 번역하면 특유의 리듬감을 알 수 없는 것처럼, 푸시킨의 시도 번역으로는 작가의 의도를 100퍼센트 이해하는 게 불가능하다.

위 시에서 녹색 선은 강세가 있는 음절이고 검정색 선은 강세가 없는 음절이다. 러시아어로 읽으면 리듬이 생긴다. 빨간색 동그라미로 표기된 행과 파란색 동그라미로 표기된 행은 종결어미가 같다. 라임이 생긴다. 러시아어로 읽어 보면 규칙적인 운율이 만들어진다. 외국어로 번역하면 살릴 수 없지만 러시아어를 모국어로 쓰면 푸시킨의 재능에 저절로 감탄하게 된다.

푸시킨이 유명할 수밖에 없는 또 하나는 은유다. 그의 은유는 'a는 b이다'라는 식으로 하나의 사물을 다른 개념으로 대치하는 것을 넘어 시적으로 확장시킨다.

Все флаги в гости будут к нам!

모든 국기여, 환영하리라!

: 러시아인은 외국 손님을 환대한다.

Глаголом жги сердца людей!

사람들의 마음을 동사로 불태워라!

: 사람들을 설득하려면 아름다운 글을 써라.

Цветы последние милей роскошных первенцев полей

봄밭의 새싹보다 가을의 마지막 꽃들이 더 아름답다.

: 경험이 일천한 젊은이보다 경험이 많은 어른이 인생의 아

름다움을 안다.

이런 글들을 실제로 보면 아무나 할 수 있는 표현이 아니라는 걸 알 수 있다. 어설프게 따라하려다가는 분위기를 망칠 수도 있다. 아무튼 이런 재능을 보여 준 푸시킨을 러시아인들은 무척 사랑한다. 영국인들은 셰익스피어는 인도와도 바꿀 수 없다고 하는데, 러시아인들은 셰익스피어보다 푸시킨이 낫다고 믿는다.

개인적으로는 푸시킨을 아주 좋아하진 않는다. 대단한 작가라고는 생각하지만 내 취향과는 맞지 않아서다. 고전 문학 자체가 취향에 맞지 않는 이유도 있다. 톨스토이나 도스토옙스키 같은 작가들의 작품도 뭐가 재미있는지 잘 모르겠다. 러시아인들이 모두 푸시킨, 톨스토이, 도스토옙스키 작품을 읽었다고 생각한다면 오해다. 고등학생 때 필독서라서 읽기는 하지만 그 뒤로는 안 읽는다. 박경리 선생님의 《토지》 같은 대단한 작품도 퇴근하고 집에 와서 읽는 사람이 얼마나 될까. 어쨌든 읽지는 않아도 자랑할 만한 인물이다. 그래서 푸시킨의 생일을 '러시아어의 날'로 기념하는 게 전혀 이상하지 않다.

지극히 사적인 러시아

에필로그

외면하고 싶어도
피할 수 없는 운명적 관계

처음 러시아를 한국에 소개하는 책을 쓰기로 결심했을 때는 자신만만했다. 러시아어 어학 교재를 만들면서 너무 고생하는 바람에 이 책의 작업은 쉬울 것이라고 생각했다. 출판사에도 이야기했지만 지금은 정반대 입장이 됐다. 차라리 어학 교재를 한 권 더 만드는 게 낫지, 인문 서적을 쓰는 일은 또 못할 것 같다고 말이다. 처음에는 내 생각을 풀어내면 어려울 게 없을 것이라고 믿었다. 내가 러시아 출신인 만큼 러시아를 한국 독자에게 소개하는 일에 나만한 적임자는 별로 없을 것이라고 자만했다. 더구나 누구나 그런 것처럼, 나에게도 그럴 듯한 계획이 있었다.

원고를 쓰고 수정하는 과정은 괴로웠다. 아무리 설명해도 부족하다는 느낌이 남았다. 내가 하는 말이 정말 사실인지, 러시아인들은 정말 나와 같은 생각을 하고 있는지, 내가 마음대로 일반화해도 되는지…. 의문과 반성이 끝없이 이어졌다. 나는 당연하다고 생각해서 설명하지 않은 내용들이 한국인 입장에서는 문화 충격에 가까운 반응을 불러오기도 했다. 예를 들면, 전쟁에 대한 러시아인들의 입장이 그렇다. 러시아와 한국은 생명의 무게를 짊어지는 방식이 다르다. 한국에서는 무엇과도 바꿀 수 없는 가치다. 사회 현실이 이런 가치관을 뒷받침하지 못한다고 할지라도 생명을 경시하는 듯한 발언을 하면 큰 지탄을 받는다. 러시아에서도 당연히 생명은 소중하다. 그렇지만 자신이 속한 환경이 죽음과 가깝다면 순응한다. 명확히 표현하기는 어렵지만, 인간은 언젠가 죽는 존재인데 이곳이 내 무덤이라면 굳이 다른 못자리를 찾지 않는다는 느낌이랄까. 이런 정서를 어떻게 설명해야 할까.

지지부진했던 원고 작업은 욕심을 조금 내려놓고서야 진척이 있었다. 처음에는 어깨에 힘이 잔뜩 들어 있었다. 나도 모르게 내가 러시아 대표라는 생각을 하고 있어서 무슨 이야기를 해도 삐거덕거렸다. 하지만 '지극히 사적인'이라는 수식어처럼 스스로를 1억 4,000만 러시아인 중 한 명으로 자리매김하자 편안하게 러시아에 대해 이야기할 수 있게 됐다.

러시아는 내가 봐도 너무 독특한 나라다. 유럽을 지향

하지만 유럽으로부터 배척받는 존재. 그렇다고 아시아의 일부라고 보기에는 너무 이질적인 문화. 역사로 따지자면 누구보다 많은 피를 흘렸으면서도 막상 아픈 역사가 다시 반복되는 걸 막는 데에는 별 관심이 없는 나라. 풍부한 자원으로 부를 축적했지만 커다란 빈부 격차를 가진 땅. 독특한 정체성을 지키면서도 제국주의적인 사고방식으로 항상 주변 국가들에게 의심의 눈길을 받는 국가. 어쩌면 러시아의 매력은 이런 중첩된 모순이 만들어내는 의외의 조화에서 나오는지도 모르겠다.

러시아를 한국에 소개하는 책을 쓰면서 확실히 알게 된 사실이 하나 있다. 러시아와 한국은 세상을 바라보는 시각이 다르다는 점이다. 한국은 주변의 강대국들 사이에서 살아남기 위해 주변을 잘 파악하고 국력을 키우는 게 얼마나 중요한지 잘 알고 있는 나라다. 국가적인 이슈가 생기면 모든 국민들이 힘을 합쳐 새로운 역사를 쓰는 데 익숙하다. 조율과 열정이 한국인들의 특징일 수 있겠다. 러시아는 강대국으로 발돋움한 뒤로는 제국의 시선으로 세상을 바라보는 데 익숙하다. 제국을 이루고 유지하는 데 필요한 희생이나 소모는 어쩔 수 없다고 본다. 디테일보다는 방향이 중요하고 눈치를 보고 끌려가기보다는 먼저 이끌어가려고 한다. 한국이 러시아에 대해 느끼는 이질감은 바로 이런 시각차에서 나오는 게 아닐까.

한국인들에게도, 러시아인들에게도 두 나라의 사이는 꽤 멀어 보인다. 하지만 이 책에서도 몇 번이나 이야기했지만, 러시아와 한국은 서로를 무시해서도 안 되고, 무시할 수도 없는 관계다. 러시아는 한국과 지리적으로 가깝고 한국 역사에 들어온 적도 있었다. 생각보다 훨씬 더 가까운 관계다. 역사적으로나 지리적으로나 거의 단절된 남미나 아프리카 같은 동네와 달리 한국과 러시아는 눈이 오나 비가 오나 마주해야 한다. 러시아가 쪼개지거나 한국이 통째로 이사 가지 않는 한 두 나라에 주어진 운명이다. 그래서 우리는 서로를 더 잘 알 필요가 있다고 생각한다. 물론 이 책 한 권으로 한국인이 러시아를 더 잘 이해하기에는 부족하다. 하지만 '천 리 길도 한 걸음부터'라고 하는 좋은 속담이 있다. 서로를 알아 가기 위한 관심이 있다면 디딤돌이 생기고 언젠가는 반듯한 다리가 놓이는 날이 오지 않을까.

책을 쓰면서 한국과 러시아가 얼마나 다른지에 집중했다가 한국과 러시아가 의외로 비슷한 점이 많다는 걸 다시 한 번 느꼈다. 유머 코드는 다르지만 인맥을 중요시하는 문화, 내 울타리 안에 있는 '내 사람'을 소중하게 생각하는 공동체 의식. 전혀 안 맞을 것 같으면서도 막상 만나면 의외로 잘 통하는 두 나라 사람들. 한국에 와서 겪고 느꼈던 것들이 다시 보였다.

책 작업을 하는 내내 러시아에 대해 미화하거나 정당

지극히 사적인 러시아

화하는 게 아닌지 많이 경계했다. 그런 의도가 전혀 없었다는 점을 다시 한 번 말씀드리고 싶다. 이 책은 러시아 사람들의 입장에서 세상을 어떻게 바라보는지를 이야기하려는 책이다. 러시아가 야기한 문제와 그것을 야기한 사람들의 사고방식을 이해하는 건 다른 문제다. 그들의 생각을 알아야 접점도 늘어난다고 생각한다. 러시아에서 태어나서 러시아 문화권에서 자랐다고 해서 그들의 모든 생각에 동조하는 건 아니다. 이제 나는 한국에서 산 기간이 러시아에서 산 기간보다 더 길다. 나 역시도 여러분들처럼 대한민국의 국익을 생각하는 국민이다. 내가 두 나라를 위해 나름의 기여를 할 수 있으면 좋겠다는 바람이 있을 뿐이다.

여러분들이 이 책을 읽으면서 조금이나마 러시아를 이해할 수 있었다는 말을 해 주신다면 더 이상 바랄 게 없다.

스파시바(Спасибо, 감사합니다)!

A a (아)	**P p** (레)
-영어의 'A'. -한국어의 '아'와 비슷.	-영어의 'R'. -한국어의 'ㄹ'과 비슷. '아리랑' 할 때 'ㄹ'.
Б б (베)	**C c** (세)
-영어의 'B'. -한국어의 'ㅂ'와 비슷. '아버지' 할 때 'ㅂ'.	-영어의 'S'. -한국어의 'ㅅ'과 비슷.
В в (베)	**Т т** (떼)
-영어의 'V'와 비슷.	-영어의 'T'. -한국어의 'ㄷ'과 비슷. '도시'할 때 'ㄷ'.
Г г (게)	**У у** (우)
-영어의 'G'. -한국어의 'ㄱ'와 비슷. '아기' 할 때 'ㄱ'.	-영어의 'oo' 발음. -한국어의 '우'와 비슷.
Д д (데)	**Ф ф** (페)
-영어의 'D'. -한국어의 'ㄷ'와 비슷. '바다' 할 때 'ㄷ'.	-영어의 'F'과 비슷.
E e (예)	**X x** (하)
-한국어의 '예'와 비슷.	-영어의 'H'. -한국어의 'ㅎ'과 비슷.
Ё ё (요)	**Ц ц** (쩨)
-한국어의 '요'와 비슷.	-영어의 'Ts'. -한국어에 없는 발음.
Ж ж (줴)	**Ч ч** (제)
-영어의 'Zh'. -한국어에 없는 발음.	-영어의 'Ch'. -한국어의 'ㅈ'과 비슷.

З з (제)	**Ш ш (쉐)**
–영어의 'Z'와 비슷.	–영어의 'Sh'. –한국어에 없는 발음.
И и (이)	**Щ щ (쎼)**
–한국어의 '이'와 비슷.	–영어에도, 한국어에도 없는 발음. –'Sh'보다 더 강하게 발음.
Й й (이 끄라뜨꼬예)	**Ъ ъ (뜨뵤르드이 즈낙)**
–영어에도 한국어에도 없는 발음. –아주 짧게 발음하는 '이'와 비슷.	–음이 없는 발음. –앞 글자가 딱딱하게 들려야 한다는 기호.
К к (까)	**Ы ы (으)**
–영어의 'K' –한국어의 'ㄱ'과 비슷. '가발' 할 때 'ㄱ'.	–한국의 '으'와 비슷.
Л л (엘)	**Ь ь (먀흐끼이 즈낙)**
–영어의 'L' –한국어의 'ㄹ'과 비슷. '멀다' 할 때 'ㄹ'.	–음이 없는 발음. –앞 글자가 매우 부드럽게 들려야 한다는 기호.
М м (엠)	**Э э (애)**
–영어의 'M'. –한국어의 'ㅁ'과 비슷.	–한국어의 '애'와 비슷.
Н н (엔)	**Ю ю (유)**
–영어의 'N'. –한국어의 'ㄴ'과 비슷.	–한국어의 '유'와 비슷.
О о (오)	**Я я (야)**
–영어의 'O'. –한국어의 '오'와 비슷.	–한국어의 '야'와 비슷.
П п (뻬)	
–영어의 'P'. –한국어의 'ㅂ'과 비슷. '바다' 할 때 'ㅂ'.	

• 국기에 그려진 세계사
김유석 지음 | 김혜련 그림 | 2017 | 19,000원
방대한 역사적 사실 앞에 늘 주눅이 들 수밖에 없는 세계사. 한 국가의 정체성을 압축해 놓은 국기라는 상징을 통해 각 나라의 역사를 살펴본다. 세계사를 본격적으로 알아가기에 앞서 뼈대를 세우는 입문서로 제격이다.

• 국가로 듣는 세계사
알렉스 마셜 지음 | 박미준 옮김 | 2021 | 22,000원
영국인 저널리스트가 쓴 국가(國歌) 여행기다. 전쟁의 상흔이 가시지 않은 코소보부터, 국가의 대명사 '라 마르세예즈'의 나라 프랑스, 위기의 순간 만들어진 미국의 '성조기', 우리가 몰랐던 국가 논쟁을 겪은 일본, 독재자가 만든 노래를 부르는 카자흐스탄 등 국가와 관련된 흥미로운 이야기가 숨 쉴 틈 없이 펼쳐진다. 저자의 영국식 유머는 다소 무거운 주제인 국가 이야기를 유쾌한 여행기로 엮어 독자들이 책을 끝까지 잡게 만든다.

• 지혜가 열리는 한국사
옥재원 지음 | 박태연 그림 | 2018 | 18,000원
국립중앙박물관, 국립고궁박물관에서 초등학생들에게 한국사를 가르친 저자의 노하우를 담았다. 어린이용과 어른용, 두 권의 책으로 구성되어 있는 이 책은 어린이와 어른이 따로 읽고, 함께 대화를 나누는 콘셉트를 갖고 있다. 한국사를 잘 모르는 어른들도 충분히 아이들과 역사를 소재로 대화할 수 있도록 만들었다.

• 루시의 발자국
후안 호세 미야스·후안 루이스 아르수아가 지음 | 남진희 옮김 | 2021 | 16,000원
인간과 진화를 주제로 이야기한 책이다.

2020년 스페인에서 논픽션 분야 베스트셀러에 오른 이 책은 고생물학자가 이야기하는 인류의 생물학적 토대, 인류 전체의 사회사를 소설처럼 풀어낸 세련된 교양서다.

• 당신은 지루함이 필요하다
마크 A. 호킨스 지음 | 서지민 옮김 | 박찬국 해제 | 2018 | 12,800원
눈코 뜰 새 없이 바쁜 삶을 살아가는 당신에게 '지루함'이 왜 필요한지 설파하는 실용 철학서. 지루함이 삶을 돌이켜 보고 그 전과는 다른 창조적인 삶을 살 수 있는 기회를 제공한다고 주장한다.

• 만년필 탐심
박종진 지음 | 2018 | 15,000원
펜을 사랑하는 이들에게 만년필은 욕망의 대상이자 연구의 대상이다. 이 책은 어느 만년필 연구가의 '貪心'과 '探心'을 솔직하게 드러낸 글이다. 40년의 세월 동안 틈만 나면 만년필을 찾아 벼룩시장을 헤매거나, 취향에 맞는 잉크를 위해 직접 제조하는 수고를 마다하지 않으며, 골방에서 하루 종일 만년필을 써 보고 분해한 경험을 담담히 써 내려간 만년필 여행기다.

• 라디오 탐심
김형호 지음 | 2021 | 16,500원
라디오라는 물건을 통해, 지난 100년간 인류가 거쳐 온 세월의 흔적을 읽는 책이다. 라디오라는 물건이 탄생과 성장, 전성기와 쇠퇴기를 거치는 동안 인간, 그리고 사회와 어떤 상호 작용을 하고 무슨 유산을 남겼는지에 대해 이야기한다. 그렇게 해서 모은 게 27가지의 에피소드다.

• 본질의 발견
최장순 지음 | 2017 | 13,000원

업(業)의 방향성을 고민하는 이들을 위한 안내서. 삼성전자, 현대자동차, 이마트, 인천공항, GUCCI 등 국내외 유수 기업의 브랜드 전략, 네이밍, 디자인, 스토리, 인테리어, 마케팅 업무를 진행해 온 '브랜드 철학자' 최장순이 차별화된 컨셉션 방법론을 제시한다.

• 의미의 발견
최장순 지음 | 2020 | 15,000원

위기의 시대에도 승승장구하는 브랜드들이 있다. 이들은 공통적으로 물건이 아니라 '의미'를 판다. 크리에이티브 디렉터 최장순이 제품과 서비스에서 어떻게 남다른 의미를 발견하고 소비자들에게 신앙과도 같은 브랜드가 되어갈 수 있을지 그 비밀을 파헤쳤다.

• 밥벌이의 미래
이진오 지음 | 2018 | 15,000원

'4차 산업혁명'으로 우리 삶과 일자리가 어떻게 변화할지를 예측한 미래서. 망상에 가까운 낙관주의도, 쓸데없는 '기술 포비아'도 이 책에는 없다. 딱 반걸음만 앞서 나가 치밀하게 미래를 그린다.

• 토마토 밭에서 꿈을 짓다
원승현 지음 | 2019 | 14,000원

이 시대의 농부는 투명인간이다. 멀쩡히 존재하지만 모두가 보이지 않는 것처럼 대한다. 우리 시대가 농업을 대하는 태도를 방증하는 일면이다. 《토마토 밭에서 꿈을 짓다》는 이에 반기를 든다. 새로운 산업의 상징인 디자이너에서 1차 산업의 파수꾼으로 변모한 저자는 자신의 토마토 농장의 사례를 통해 우리 농업의 놀라운 가능성과 존재감을 보여 준다.

• 레드의 법칙
윤형준 지음 | 2021 | 14,000원

경영에 있어서 인문학이 왜 중요한지, 구체적으로 어떻게 활용할 수 있는지를 취재한 책이다. 그 바탕은 세계적인 경영 컨설턴트 회사인 레드 어소시에이츠(ReD Associates)의 CEO 미켈 라스무센과의 인터뷰다. 책은 레드 어소시에이츠가 철학의 한 분과인 현상학을 기본으로 고객을 분석하여 창의적인 솔루션을 제공하는 과정을 밝혀낸다. 레고를 비롯하여 삼성전자, 아디다스 같은 글로벌 대기업들, 산타마리아노벨라, 조셉조셉, 펭귄 출판사, 프라이탁, 볼보, 이솝, 시스코 등 세계적인 기업 CEO의 인터뷰가 등장한다.

• 널 보러 왔어
알베르토 몬디 · 이세아 지음 | 2019 | 15,000원

방송인 알베르토 몬디의 인생 여행 에세이. 이탈리아 베네치아를 떠나 중국 다롄에서 1년을 공부한 다음, 인생의 짝을 만나 한국에 정착하기까지의 이야기를 담았다. 백전백패 취업 준비생, 계약직 사원, 주류 및 자동차 영업 사원을 거쳐 방송인이 되기까지의 여정이 그려져 있다. 자신의 정체성을 잃지 않으려 노력하며, 남들이 뒤로 물러설 때 끊임없이 도전적인 선택을 하는 모습이 인상적이다. 책의 인세는 사회복지법인 '안나의집'에 전액 기부된다.

• 이럴 때, 연극
최여정 지음 | 2019 | 19,800원

연극 앞에 한없이 작아지는 당신을 위한 단 한 권의 책. 수천 년을 이어 온 연극의 매력을 알아가는 여정의 길잡이이다. 12가지의 상황과 감정 상태에 따라 볼 만한 연극을 소개한다. '2019 우수출판콘텐츠 제작지원 사업 선정작'이다.

• 겨자씨 말씀

프란치스코 교황 지음 | 알베르토 몬디 옮김 |
정우석 신부 감수 | 2020

그리스도교를 믿든 그렇지 않든 전 세계인들
의 영적인 지도자로 추앙받는 프란치스코 교
황이 예수님의 말씀에서 길어 올린 생각들을
정리한 내용이다. 존중, 정의, 존엄, 환대 등
짧지만 깊은 의미를 담고 있는 복음서의 메
시지를 매우 간단명료하고, 쉽게 전한다. 번
역은 방송인 알베르토 몬디가 했다.

• 연예 직업의 발견

장서윤 지음 | 2017 | 16,000원

스타가 아닌 스타를 만드는 직업을 소개한
책. 성장일로에 있는 한국의 엔터테인먼트 산
업에 몸을 담고 싶어 하는 이들을 위한 착실
한 안내서다. PD와 작가 등 전통적인 직업군
부터 작가 및 연출자 에이전시, 엔터테인먼트

콘텐츠 기획자 등 새로운 직업군까지 망라했
다. 각 분야의 대표 인물을 통해 누구도 말해
주지 않는 직업 현실과 제3자 입장에서 본 노
동강도와 직업의 미래까지 적었다. 실제 연봉
까지 공개한 것은 이 책의 최대 장점.

• e스포츠 직업 설명서

남윤성·윤아름 지음 | 2021 | 17,000원

요즘 10대, 20대들에게 게임은 사회생활의
일부다. 게임을 잘하면 친구들에게 신처럼
추앙받는다. 마치 기성세대가 학창 시절에
댄스, 노래, 운동을 통해 친구들과 소통한 것
과 같다. 'e스포츠를 밥벌이로 생각할 수는
없을까?' 어른들이 게임고 e스포츠를 색안경
을 끼고 보는 동안 MZ세대는 그러한 편견에
싸우면서도 자신의 미래를 개척해 나가고 있
다. 이 책은 그들의 싸움에 도움을 주고자 만
들었다.